U0593917

瓦格纳

Wilhelm Richard
Wagner

瓦格纳

Wilhelm Richard Wagner

皮波人物国际名人研究中心 编著

国际文化出版公司

·北京·

图书在版编目（CIP）数据

瓦格纳/皮波人物国际名人研究中心编著. --北京：
国际文化出版公司，2013.12（2024.2重印）
（名人传记丛书）
ISBN 978-7-5125-0498-1

Ⅰ.①瓦… Ⅱ.①皮… Ⅲ.①瓦格纳，
W.R.（1813~1883）—传记 Ⅳ.①K835.165.76

中国版本图书馆CIP数据核字（2013）第053465号

瓦格纳
————

作　　者	皮波人物国际名人研究中心　编著	
责任编辑	宋亚眠	
统筹监制	葛宏峰　刘　毅　周　贺	
策划编辑	刘露芳	
美术编辑	丁鉷煜	
出版发行	国际文化出版公司	
经　　销	国文润华文化传媒（北京）有限责任公司	
印　　刷	北京一鑫印务有限责任公司	
开　　本	700毫米×1000毫米	16开
	9印张	89千字
版　　次	2013年12月第1版	
	2024年2月第3次印刷	
书　　号	ISBN 978-7-5125-0498-1	
定　　价	34.00元	

国际文化出版公司
北京市朝阳区东土城路乙9号　　　　　邮编：100013
总编室：（010）64270995　　　　　传真：（010）64270995
销售热线：（010）64271187
传真：（010）64271187-800
E-mail：icpc@95777.sina.net

目录

目录

立志成为音乐家

童年的遭遇

1813 年 5 月 22 日，德国著名作曲家威廉·理查德·瓦格纳出生了。瓦格纳在德国歌剧史上具有举足轻重的地位，他继承了莫扎特、贝多芬的歌剧传统，开启了后浪漫主义歌剧作曲潮流，他还是集诗歌与音乐天分于一身的天才人物。

瓦格纳的出生地莱比锡是当时德国最大的城市之一。莱比锡在商业、学术和艺术方面的历史源远流长。兴起于 12 世纪的莱比锡集市热闹非凡、交易发达。莱比锡大学兴建于 15 世纪初，是世界著名的大学。德国数学家莱布尼茨是瓦格纳的同乡；德国剧作家、诗人歌德曾在莱比锡大学就读，他所写的《浮士德》的第一部就描述过在这里生活的场景。莱比锡的艺术风格，是以当地的资产阶级分子为主导，这些人有来自商业圈中的富商，也有来自中产阶级较下层的知识分子。莱比锡还是当时出版行业的中心，仅次于巴黎与伦敦。

一直以来，瓦格纳一族没有人曾担任过莱比锡市政方面、学术方面或是艺术方面的要职。他们只是担任唱诗班的主领，或是教区中的小学校长，或是风琴师。

瓦格纳的父亲弗里德利希·瓦格纳是律师、警察局书记和业余演员，瓦格纳是他的第八个孩子。老瓦格纳能说一口流利的法语，与作家霍夫曼是朋友，是个热情、受人欢迎的人。霍夫曼曾描述老瓦格纳是个"奇特而吸引人的人物"。老瓦格纳爱好戏剧，曾在歌德的《共谋者》一剧中担任过角色。1813 年 11 月 23 日，老瓦格纳由于感染伤寒病逝，年 44 岁。在他去世的前一个月，莱比锡会战刚结束，拿破仑战败。

瓦格纳的母亲乔安娜，是一位面包师的女儿。她没有受过多少教育，这一点从她其他方面的优点上得到了弥补。她长得娇小、漂亮，性格敏感、宁静而又富于幽默。她为老瓦格纳生了八个孩子，在与第二任丈夫盖尔结婚后，又生了一个女儿。瓦格纳深爱着他的母亲。对他而言，她是个温柔的女性，充满着智慧与宽容。在他一生中，母亲一直是他精神上的支柱。无论在多么艰苦的环境中，她都一如既往地支持瓦格纳的艺术追求，并供养他。在他人眼中，乔安娜是个颇为有趣的人。例如，她个子很小，因为有头痛的毛病，经常戴上九顶帽子，一顶顶地叠上去，以保持头部的温暖。

老瓦格纳死后没多久，他的朋友路德维希·盖尔与乔安娜结婚了。盖尔对瓦格纳视如己出，瓦格纳一度以为自己是盖尔的亲生儿子。盖尔对瓦格纳影响很大，瓦格纳感激地称其为"精神父亲"。

1814 年 8 月，瓦格纳一岁时，举家迁往德累斯顿。德累斯顿有美丽的皇宫、公园、博物馆及教堂，并且有"德国的佛罗伦萨"之称。在德累斯顿的生活比较舒适，盖尔除了担任宫廷剧院里的角色之外，还为巴伐利亚和萨克森的贵族画像。受盖尔的影响，瓦格纳很小的时候，就着迷于剧院的一切。

盖尔是个充满活力、愉悦乐观的人。他常常带着他的"小哥萨克"（这是他对瓦格纳的昵称）一道去参加排练。多才多艺的盖尔又是设计戏服，又是画布景，令瓦格纳佩服不已。瓦格纳喜欢在舞台和道具之间穿梭，他后来这样描述在此的感受："每日枯燥的现实生活在这里提升，进入快活的精神境界。凡与舞台表演有关之事，对我都有一种神秘的、如醉如狂的吸引力。"

1821年，盖尔写过一部喜剧《无知者的屠杀》，在德累斯顿上演。它讲述的是一个奋斗向上的艺术家，被性格现实的妻子从想象的世界中拉回尘世的故事。这部喜剧受到过歌德的赞赏。绘画、演戏、写剧本使得盖尔精力透支，身体状况越来越糟。

1822年9月，盖尔生命垂危。瓦格纳从德累斯顿附近的波森多夫乡村学校徒步走了三小时回家，来给继父送终。乔安娜让他到隔壁房里弹点什么，好叫盖尔宽心。这个垂死的人听了瓦格纳的弹奏，问道："他应该是有音乐的天赋吧？"瓦格纳下定决心要成为有成就的人，不辜负盖尔对他的期望。

初露才华

盖尔去世后，瓦格纳离开了波森多夫乡村学校。在这个学校里，他曾读了作曲家莫扎特的传记、鲁滨孙漂流孤岛的故事以及希腊为取得自由与土耳其人抗争的报道。这是瓦格纳偏爱希腊之始。

离开学校以后，瓦格纳到埃斯勒本去投奔盖尔的弟弟卡尔，卡尔是个金匠。瓦格纳17岁的哥哥也在这儿当金匠学徒，其他的哥哥姐姐大多从事与表演有关的职业。由于卡尔叔叔结婚了，瓦格纳回到德累斯顿，和家人生活在一起。他们靠卖盖尔的画和姐姐罗莎莉在剧院的薪水过活。

1823年12月，瓦格纳正式进入德累斯顿的克罗伊茨学校求学。学校里的古希腊、罗马文学教育，培养了他丰富的浪漫情怀与喜欢幻想的倾向。他迷上了父亲的朋友霍夫曼的小说，霍夫曼以特殊的手法，糅合了现实与怪异可怕的幻境，他的小说对瓦格纳造成了深远的影响。

瓦格纳经常自己翻译一些诗作，并背诵下来，还常常写一些诗。学校里有个叫斯里齐的老师，对瓦格纳印象深刻且对他常加以鼓励。这时学校里突然死了一个同学，瓦格纳的诗被选在葬礼上朗读，还印了出来在同学之间传看。之后，他又尝试写了些长篇的叙事诗。乔安娜对他的创作才能深感欣慰，她很赞成瓦格纳从事这方面的职业。瓦格纳自己也认定"我是注定了要当诗人的"。

德国作曲家及音乐指挥韦伯是近代德国浪漫歌剧的鼻祖。在盖尔搬到德累斯顿不久，他也搬来了，并担任宫廷歌剧指挥，他经常到盖尔家做客。韦伯很欣赏盖尔轻快的男高音，常让他在小歌剧里扮演一两个小角色。

1821年,韦伯创作的第一部浪漫歌剧《自由射手》上演。德国为此疯狂了，因为一直以来，在德国各王侯的宫廷里全是意大利音乐的天下。《自由射手》立刻风靡全国，瓦格纳也被深深地吸引了。

最先把这部歌剧带回家的是姐姐柯莱拉。柯莱拉除了钢琴弹得好外，还有一副十分甜美的嗓子，可惜后来嗓子坏了不能再继续唱歌。这时的瓦格纳是家里唯一一个没有学过钢琴的孩子。

瓦格纳观看了《自由射手》的演出。吸引他的无疑是这部歌剧的魔力，但站在台前"统领"乐队的指挥家形象也使他难以忘怀。瓦格纳开始学习弹钢琴了，因为他迫切地想了解《自由射手》的序曲是如何形成的。他还在家里和同学面前模仿《自由射手》的表演。瓦格纳憧憬着有一天能像韦伯那样站在指挥台上，让观众如痴如狂。为了实现这个愿望，他阅读了大量的书籍并听了无数的音乐。

韦伯的另一部歌剧《欧丽安特》对瓦格纳的影响也很大。瓦格纳向母亲要了些钱买乐谱纸，开始抄写韦伯的《自由射手》，这是他所抄写的第一首乐曲。同时他还到歌剧院去听韦伯《奥伯龙》中的交响曲演出。瓦格纳后来回忆说："这么靠近地听乐团演奏，使我感到一种神秘的快乐和兴奋……小提琴上响起的五度音程，似乎就像来自灵异世界的呼唤……这些五度音程和我的心灵紧密相连……那拉长的 A 调，似乎就像来自死者世界的招呼，没有一次不使我的神经到达紧张激狂的顶点……"

瓦格纳兴趣广泛，头脑中有着各式各样的幻想。他和狗也有着很好的友情，家里附近的每只狗他都认识，他甚至想写一本《我家狗儿的历史》。瓦格纳结交朋友有自己的特色，他曾写过这些话："我热爱生命，和朋友们相处愉快，随时随地都想开玩笑或冒险。……我总是在交朋友……而在选择朋友上，主要是看这个新朋友能够满足我那古怪幻想的程度而定。我一会儿作诗填词……过会儿又研究戏剧，或又想恶作剧一番。"

十几岁的瓦格纳醉心于霍夫曼和莎士比亚的作品。他按照他们的作品风格，写了一部带有骑士剧和莎士比亚宫廷剧特色的中学生剧，取名《莱巴尔德与阿德莱达》。当然，这是一部不成熟、未经锤炼的处女作。它以韵文写成，众多情节、场景不断地变换出现，题材取自莎士比亚的《哈姆雷特》

《麦克白》《李尔王》以及歌德的一些作品。

《莱巴尔德与阿德莱达》那位不幸的主角莱巴尔德，在全剧里共杀掉了42个人，为了填补空荡荡的舞台，瓦格纳只好再让他们的鬼魂回来。莱巴尔德得到被谋害的父亲鬼魂的指示，要他杀掉仇家罗得利克一家。他后来陷入了疯狂的状态，一方面是死去的那些魂魄不断地来骚扰、折磨他；另一方面则是他爱上了仇家唯一幸存的女儿阿德莱达。莱巴尔德在精神极端的狂乱之下，刺杀了阿德莱达，阿德莱达把他拥到自己胸前，宽恕地拥吻他，而她却在极度的哀伤下断气了，她的鲜血慢慢地流了他一身。这第一部作品只有姐姐罗莎莉知道。

瓦格纳并不像莫扎特、门德尔松、李斯特那样属于"天才儿童"，早早就显露出音乐天分。李斯特9岁时就首次举行公开演出了，而这时的瓦格纳刚进入克罗伊茨学校不久，家里人对他的要求是用功学习即可。然而不可忽视的是，瓦格纳是个乐感很强的孩子，命运之神或许早已掌控了他音乐的天赋，使得他体内的诗歌、音乐、戏剧、舞蹈和装饰艺术的成分，终有一天得以相融相合，为他写作"完全的艺术"作准备。多年以后，理查德·施特劳斯形容他是"全才"，说他能将所要表达的题旨，融合成优美的混合音乐。

1826年6月5日，韦伯在伦敦去世了，年仅40岁。韦伯的离世，使得瓦格纳从创作英雄式的文学诗歌再次转入到对音乐的爱好上来。

深受震撼

1826 年，瓦格纳的长姐罗莎莉前往布拉格接受一份高酬劳的演出合同，她在《罗密欧与朱丽叶》一剧中饰演朱丽叶。乔安娜带着家中的其他孩子和罗莎莉同去。瓦格纳被留下寄宿在同学鲁道夫·贝姆家中。瓦格纳在贝姆家接触到除母亲和姐妹以外的真正异性，使他感受到女性的可爱动人之处。

1827 年冬天，乔安娜把瓦格纳接到布拉格去度假。他们坐着出租马车，在凛冽的寒风里整整走了三天才抵达布拉格。精美绝伦的布拉格给瓦格纳留下了难以磨灭的印象。

学校放暑假时，瓦格纳和同学们一起到莱比锡去。自 9 岁后，瓦格纳就没有回过自己的出生地。之前，瓦格纳和叔叔阿道夫·瓦格纳在莱比锡住过一段日子。阿道夫是个博学却古板、迂腐的人。他对戏剧一点兴趣都没有，但在神学、哲学和文学方面却小有名气。他曾写过一部对意大利诗人但丁、彼得拉克、阿里奥斯托、塔索等人的评论，得到歌德的赞赏。阿道夫只爱写有关评述正统哲学的文章、翻译一些古典文学，特别是意大利的古籍。人们批评他写的散文含混不清、拖沓繁琐。

阿道夫和一对没有结婚的姐妹俩住在一栋房子里。萨克森国王到莱比锡时，就住在这栋建筑物里。瓦格纳被她们安置在一间皇室专用的房间里，里边的装饰家具都还是奥古斯都大帝时代的。从窗户里可以看到杂乱的市场和留着长发、戴着黑绒便帽、穿着醒目制服的大学生。晚上，挂在墙上的贵妇肖像，穿着蓬起的裙子的年轻面孔像是变成了鬼魂，使瓦格纳恐惧至极："孤单地睡在寂静的房间里，躺在旧式的皇室大床上，在那些早已远离这世界的人的画像底下，对我而言一直是种恐怖的感觉。"

1827 年底，乔安娜由布拉格回到莱比锡。瓦格纳从克罗伊茨学校毕业了，他也回到了莱比锡。瓦格纳回到莱比锡的原因是他想要上莱比锡大学。

回到莱比锡后，他进入尼古莱学校就读，并把姓氏由十几年一直使用的盖尔改回瓦格纳。尼古莱是莱比锡两所最好的学校之一。令瓦格纳失望的是，他被安插在比克罗伊茨学校就读时还低的班级里。他不得不放弃阅读感兴趣的《荷马史诗》，转而阅读比较轻松的希腊散文。瓦格纳常到叔叔阿道夫那去，和他谈论书籍并阅读阿道夫的藏书。

瓦格纳适应不了学校的教育，他把所有精力都投向自己感兴趣的事情。1828 年到 1832 年间，研习音乐是他主要兴趣所在。1827 年 3 月 26 日，贝多芬逝世于维也纳。在这以前不久，瓦格纳才听过贝多芬的《费德里奥》E 大调序曲，感受深刻，因此回到莱比锡之后，他便埋首于贝多芬的音乐中。他在莱比锡布业大厅乐团的音乐会上首次听到了贝多芬的 A 大调《第七交响曲》。

瓦格纳在姐姐露易丝的曲谱上，发现了贝多芬为歌德的《埃格蒙特》所谱的剧情音乐。这激起了他想为《莱巴尔德与阿德莱达》谱曲的雄心。下定决心后，他发现首先的难题就是他从未受过任何音乐的训练，一点都不知该如何进行。

为了解决这个问题，瓦格纳向图书馆借了一本罗吉尔的《连续低音法》。乔安娜不希望儿子走上和音乐有关的职业之路，因此不让他学习和音乐有关的知识。瓦格纳借书的方式是每周付款，希望能从每星期的零用钱里支付。他的零用钱也没有多少，只好向后拖欠，最后账单上的欠款几乎同这本书的价钱一样了。

此外，瓦格纳还暗地里跟着戈特利伯·缪勒上音乐课。缪勒是布业大厅管弦乐团的一员，他热烈地崇拜贝多芬。瓦格纳跟他学习了一年的时间后，才开始谱写自己的第一首乐曲。

1829 年 4 月，瓦格纳听了著名女高音威明妮在《费德里奥》中饰唱利奥诺拉之后，下定决心要做个职业音乐家。他深为威明妮忠实于艺术的态度和出神入化的精湛演出所感动。他像着了魔似的一路跑回家去。这位知名的演唱者后来成了他的朋友，并在他的《黎恩济》《漂泊的荷兰人》和《唐怀瑟》中演唱。

瓦格纳依旧沉迷于霍夫曼的小说，小说里的情节使他进入了狂乱激荡的音乐境界里。他做着白日梦，梦中出现的各种音符"似乎都活了起来，以雷霆万钧之势向我展示它们的含义，我记下的音符是疯狂的"。在这种情况下，要他拜个传统的老师为师自然是不可能的，他只好孤独而艰难地在自学的路上踽踽独行。他已经完全放弃了学校里的学业，全心全意地投入音乐中。他花了很多时间和精力，仔细而用心地抄写他喜爱的曲谱。贝多芬去世后，他几乎把贝多芬的序曲全都抄了下来。他上床时带着奏鸣曲，起床后又去作四重奏曲，歌曲的部分他唱出来，四部曲他则用口哨吹出来——因为他弹钢琴总没进步。

瓦格纳独立完成的第一篇具有技巧、力量与创造力的作品，是他从贝多芬的整部《第九交响曲》改写的钢琴曲。瓦格纳受到《第九交响曲》强烈的震撼："我听说贝多芬写它时已经半疯了，这使我迫切地要研究这篇奇特的作品。我只看了乐谱一眼，就禁不住被那开始的、拉得长长的纯五度音符所吸引……第一件要做的事，就是费心抄写这首乐曲，使它变成我自己的……有一天早晨，我正抄着，忽然出现灵感，震撼了我兴奋、绷紧的神经，我大叫一声跳上床去，以为看见了鬼。"

乔安娜见儿子执意要做音乐家，就建议他学点乐器。不知是疏于练习还是什么原因，瓦格纳的钢琴水平一直没有进步，他也不愿意继续学。他在缪勒的指导下学习音律，又拜莱比锡乐团的罗伯特·希普为师学习小提琴。

　　1830年，瓦格纳从尼古莱学校正式退学。6月，进入圣托玛斯学校就读。这是莱比锡另外一所好学校。瓦格纳的生活更加多姿多彩，除了音乐外，他还组织社团、参加各种活动，甚至一度染上了赌博的恶习。瓦格纳原先是想快点赚些钱好把债都还清，不久却发现事情没那么简单。"……有三个月之久，我都牺牲在赌瘾之下，心里再想不到还有别的兴趣。"他"迷失在莱比锡的小赌窟里"，天亮时才拖着疲惫的身子回家，家人都懒得搭理他了，姐姐罗莎莉偶尔会对这个面如死灰、满身疲倦的自由派弟弟投以轻蔑的一瞥。一天，瓦格纳决定用母亲一个月的全部工资下个高赌注，若是输了，就从此远走高飞再也不回来；若是赢了，便把债还清，以后再也不赌了。结果，好运来了，他一直不停地赢，把庄家都给赢垮了。他回去好好地睡上一觉以后，把事情经过向母亲和盘托出。从此，他真的把赌博的恶习改掉了。

　　1830年的圣诞夜，莱比锡剧院有为穷人举行的公演。瓦格纳没有想到莱比锡乐团指挥居然会答应在演奏会上演奏他的新序曲。它是节目单上第一首曲子，作曲者的姓名没有印出。这首序曲的特点是在每四小节之后，在铜鼓上强有力地击出1/5拍，以此营造出序曲的神秘感。在乐谱上的弦乐部分以红墨水书写，木管乐部分用绿色墨水，铜乐部分则用黑色墨水。

　　这事瓦格纳告诉了姐姐露易丝，两人坐着布罗考斯（布罗考斯是一位出版商，瓦格纳的二姐露易丝在 1828 年嫁给布罗考斯）的马车赶到会场。姐姐走进布罗考斯家的包厢里去了，瓦格纳却发现自己没带票，不得已，他只得向守门的人泄露说自己就是新序曲的作者，才得以入场，坐在 E 厅后部前排的座位上。但是这首序曲显然效果不好，只得到了观众的嘲笑声。瓦格纳后来觉得乐团指挥多恩答应演奏他的作品，只是故意要看他的笑话罢了。

在圣托玛斯学校瓦格纳认识了一位优秀的音乐教师，名叫克里斯蒂安·韦因利格。韦因利格看出瓦格纳未经雕琢的丰富的音乐创造力，他恳切地建议瓦格纳认真学习音法和对位法的原理。韦因利格没有特别的指导方法，他详细叙述学习内容并举例说明，然后让瓦格纳操作："他详细地分析每个例子，然后给我简单的指示，告诉我如何去做。真正的课程是仔细地检视我所写出来的东西。他以无限的耐心和亲切指出我的缺点，并提出他认为更好的修改意见。"

6 个月后，韦因利格告诉瓦格纳，他再没有东西可以教了。他为瓦格纳的巨大进步深感欣慰，并拒绝接受学费，对他而言能得到如瓦格纳般有音乐才能的学生，便是最好的报酬了。后来，韦因利格还帮助瓦格纳在伯来克夫与赫尔特出版公司出版他的两首钢琴曲——《降 B 大调钢琴奏鸣曲》与一首 D 大调波兰序曲。

首次创作

巴黎七月革命的余波已经影响到莱比锡了。瓦格纳为了赚取一点零用钱，一直在姐夫布罗考斯的出版公司里担任校对的职务。七月革命爆发时，他正好在校对一本《世界史》中的法国革命部分。瓦格纳毫不犹疑地加入了大学生游行行列，前往监狱，要求释放被拘捕的学生。他们俨然成了法律和秩序的维护者、人民的保护者。瓦格纳为表示庆祝，特别写了一首题名为《腓特烈与自由》的政治序曲。

布罗考斯把他出版公司的印刷所，提供给学生们做游行的总部，这是明智之举。靠着这些学生的保护，他保住了印刷所那些现代化的机器设备。布罗考斯还是一个协助波兰难民和流亡人士委员会的会长。瓦格纳在布罗考斯家里结识了一位波兰革命的英雄人物文森·提斯基维奇。提斯基维奇体格强壮，具有贵族的风采，这令瓦格纳很仰慕。

1832 年 5 月 3 日，提斯基维奇邀请瓦格纳参加为波兰的流亡人士举行的晚宴。晚宴上的活动成为他后来一部歌剧的序曲主题。

1831 年，瓦格纳进入莱比锡大学音乐系。1832 年，瓦格纳希望在维也纳找到愿意演出他的序曲和交响曲的地方，结果没人理睬他。瓦格纳一心想的，是设法要让自己的三首序曲和《C 大调交响曲》能够在这音乐之都演出，这些作品是他融会精纯的音乐写作技巧创作的结果。

　　音乐学校里的一个教授，很不情愿地同意让学生演奏瓦格纳 D 短调的序曲，但一直没有下文。瓦格纳这时已经欠下了一点债务，后来，欠债的生活伴随了他的大半生。闲暇之余，瓦格纳就上剧院听施特劳斯的演奏，施特劳斯用小提琴"开始拉出一曲新的华尔兹时，这位维也纳音乐界的天才震颤得如同阿波罗神殿祭坛上的女祭司一般"。瓦格纳在音乐声中如痴如醉。

　　离开维也纳后，瓦格纳来到布拉格。在这里，他爱上了帕希塔伯爵的私生女珍妮。珍妮却看不上既没钱又没地位的瓦格纳。当他们两人一起坐在钢琴边弹唱时，瓦格纳心里的情感膨胀起来，为了掩藏它，他冲出了城堡，走进夜色之中，两眼望着天空里的星星慢慢平静下来。他始终想不出怎样描述心中难诉的情意，于是奔回房里，找出了朋友写的诗，在钢琴上弹唱起来，这就是他的第一首独唱曲《钟声》。

　　瓦格纳了解珍妮的性格，知道她不会爱上自己，因此不敢表露自己的爱情，每晚在睡梦里总是不安宁，"常常梦见表白了自己的爱意，醒来却只见空寂的黑夜……"。后来发生的一些事使他认识到珍妮不值得他爱，他很理智地放弃了这段"初恋",并开始着手写歌剧《婚礼》。瓦格纳是这样叙述有关《婚礼》的事情:"……一部悲剧的歌剧诗:一个沉迷于爱情的青年,爬上了朋友的新娘的卧室窗口,她正在等待着丈夫,她反抗着这个疯狂的人,最后把他推落到楼下的院子里……在葬礼上,她尖叫了一声,便倒在他的尸体上气绝身亡……我姐姐罗莎莉不喜欢这部作品,我当下就毁了它,一丝痕迹也不留。"《婚礼》含有比较特别的瓦格纳式的特点,它是属于个人经验的作品,与传统歌剧不太类似。瓦格纳最后放弃了《婚礼》的创作是正确的,因为没有人生阅历的他无法在这种题材的作品里谱出令人共鸣的情感之曲。《婚礼》留下来的只有第一幕里的乐曲,直到一百年后才被演奏出来。

1832 年 12 月,瓦格纳回到莱比锡,他已经被看成有前途的青年音乐家。1833 年 1 月,在姐姐罗莎莉的鼓励下,瓦格纳开始写第一部完整的歌剧《仙女》的剧本。

罗莎莉是瓦格纳最敬爱的姐姐。她温柔、善良、正直而又具有清纯高雅的气质,常常像母亲一样照顾瓦格纳。罗莎莉是演员,但是天分不足没能出名。

瓦格纳一直是霍夫曼的忠诚读者,他热爱霍夫曼小说中神奇的魔力。霍夫曼不但是个成功的律师和官员,同时也是剧院经理、作曲家、音乐指挥、小说家与诗人。他的作品给读者带来喜悦和某种焦虑,他以熟练的笔触引导着读者进出于现实与梦境交织的世界中。

1833 年,瓦格纳的《C 大调交响曲》在剧院演出,得到人们热烈的赞赏。他结识了作家劳伯。这时，劳伯的小说《新欧洲》的第一部分写好了。小说中宣扬的为当前而活和解除一切束缚的哲学，是瓦格纳早期的写作和舞台创作的中心思想。劳伯在莱比锡著名的报社任主编后，为瓦格纳《C大调交响曲》的首演写了深表赞扬的音乐评论。他请瓦格纳为他所写的一部有关波兰英雄的歌剧配曲，瓦格纳不愿意为别人写的作品作曲，同时为了逃兵役，便离开莱比锡前往位于德国中南部的符兹堡。

瓦格纳在符兹堡一家环境简陋的剧院里工作。这时，他已经深刻体会到在小剧院演出的缺陷。观众们要求的水准不高，剧院的演出及工作人员很少到外地去，因此也无法和其他的剧院相交流；小剧院或有自己永久的剧团，或是要依赖巡回的剧团演出，而观众和演员都喜欢尽可能地有些变化。瓦格纳在符兹堡为《吸血鬼》和《恶魔罗勃》两剧配唱的合唱班进行训练。从那以后，他对古典音乐失去了兴趣。

在符兹堡的一年中，瓦格纳有了在剧院里实际工作的经验。他开始展现出对音乐工作的强烈爱好与雄心，并冲破传统的约束，开创新声。

在符兹堡，瓦格纳逐步完成了歌剧《仙女》的全部配曲。《仙女》是瓦格纳在歌剧的写作上，所跨出的明确的第一步。其情节大致如下：男主角是个名叫阿林达的王子，有个叫阿达的仙女爱上了他，她以咒语使他离开自己的王国，留在她的仙境整整八年。后来，阿林达的朋友找到他，告诉他他的父王离世，国家被敌国侵犯，求他回去拯救自己的国家。阿达渴望离开仙境，只做阿林达的凡妻，但是，这得要阿林达通过许多艰难的考验才行。这期间他必须坚持做到，不论阿达对他做出多么狠毒可怕的事情，他都得对她忠心不二。结果他承受不了那些折磨，诅咒了她，使她变成了石头，知道真相的阿林达伤心欲绝。

在音乐上展露才华的瓦格纳

后来，魔法师葛洛玛给了他一些魔法武器，并教给他一些咒语，阿林达因此得以到下界去找寻阿达。他弹起了七弦琴上的魔音，借着琴声诉说他因辜负了她而悔恨不已。石头为他琴上的魔音所感，阿达活转为人。但是由于阿林达之前没能通过考验，阿达不能获得凡人的生命。最后，阿林达获准成仙，两人结成神仙眷属，从此在仙境中过着快乐的生活。

《仙女》中有一些戏剧方面的音乐概念，后来在瓦格纳其他的歌剧里有更深刻的发挥。譬如，仙、凡两界的神、人对彼此不能相爱的痛苦感受，经由爱情而得到救赎的情节等。《仙女》直到1888年才在慕尼黑首演。

姐姐罗莎莉很喜欢《仙女》的乐曲，她认为此剧一定能上演。《仙女》中最早使用和声法以及在各幕之前尝试乐队用半音阶的演奏来提示主题的做法，这使得莱比锡剧院的经理不同意演出。瓦格纳虽然年轻，但他已经是个不轻易妥协的艺术家。他不愿意对剧院指导或是观众的嗜好作哪怕最小的让步。

虽然对《仙女》没能上演感到失望，但是瓦格纳很快恢复过来。1834年6月，他开始构思一部新歌剧《禁恋》。这时，他正前往捷克西部的特普利采去度两个星期的假。旅途中，他观赏了莱比锡上演的意大利作曲家贝里尼的歌剧。剧中的用语并不高明，但是贝里尼总是能够让剧中的人物好好歌唱一番，并赋予剧中的角色以温暖的生命、激情。这一点使瓦格纳感到震撼，他觉得自己应该感谢贝里尼，因为他使自己睁开了眼睛，了解到歌曲的重要性。

贝里尼是西西里岛人，瓦格纳就是为了向他表示敬意，才把自己根据莎士比亚的作品所写的《禁恋》的故事背景，由维也纳移到16世纪的巴勒莫（西西里首府）。夏天的一个早晨，瓦格纳登上特普利采附近的舒拉肯堡山，俯视着脚下的山丘和山谷，很快地写下了新歌剧的草稿。这部歌剧的主题，是要表现出压抑与放纵的官能享受之间的矛盾，是对伪善与苦修的德行的一种责难，同时也是对"自由放任的官能感受"的生活原则的一种赞赏，因此有终场时疯狂欢乐的一幕。

《禁恋》一直是研究瓦格纳的人所批评的对象，因为整部作品都陷于法国和意大利的轻歌剧的形态中。瓦格纳也不满意这部作品，晚年时他告诉妻子柯西玛说，这部作品中他唯一能找得出来的好处，是伊莎贝拉与玛利阿那在修道院里那一幕中的曲调及和声，伊莎贝拉因"爱"而遭弗里德利处死，表现出救赎的主题。除此之外，瓦格纳觉得该剧"可怖、可憎、可厌……"。

在往后几年当中，瓦格纳尝试着结合某些基本的和彼此互异的心智经验，也就是结合他对贝多芬与莎士比亚的热爱、德国青年的青年运动，以及他对当时各种自由运动的热忱，在这一点上，他有令人欣喜的成果。虽然后来瓦格纳再没有在歌剧里采用莎士比亚式的剧情，但是他一生都对莎士比亚赞佩有加，晚年时还常高声诵读莎士比亚的历史剧。

不幸的婚姻

瓦格纳在寄给好友的信件中说过："女人的爱能使我的艺术之树茁壮。……女人乃是人生的音乐。她们对任何事物，都能以宽大的胸怀，无条件地接受，然后以自己的同情心，使其美化。"

瓦格纳的第一任妻子叫明娜。明娜是一位纺织制造商的女儿，她是职业戏剧演员，但她进入此行并非由于兴趣，而是为了养活自己和父母。明娜比瓦格纳年长4岁，她有一双美丽可爱的眼睛，是个很有魅力的女性。有一位作家曾生动地描述明娜说："她是一个有可爱的眼睛与含情脉脉的双唇的姑娘。"

瓦格纳住在莱比锡时，和明娜是邻居，瓦格纳曾描述两人初次见面的情景:"她的动作、举止非常优雅闲适,再加上愉快的神情,使她有一种动人的高贵……当别人介绍我是新来的音乐指挥时,她很惊讶这么年轻的人竟然可以担任这个职位……"

瓦格纳几乎是立刻就爱上了明娜,半年后,他们订婚了。1836年11月,两人在柯尼斯堡结婚。命运之神对这对新人将为彼此带来的不幸不曾给予任何警告。瓦格纳在结婚之前,就不曾把明娜想成完美的理想对象,而且他还说过:"相反,她那生硬的、一本正经的性格,反而引起我的兴趣。原因是这种性格是我所缺少的。"

在举行婚礼仪式的牧师家的客厅等候时,两人就开始了激烈的争吵。瓦格纳曾说:"我们之间开始有了争端,很快就成为谩骂、诽谤。当牧师开门进来时,两人曾想分手,各走各的路。"结果他们在犹疑片刻后,还是决定举行婚礼。

对于这次急切又不幸的婚姻,有人曾写道:"而今锁链已扣上。这个锁链,把瓦格纳和完全没有精神相通之处的伴侣结合在一起。"明娜对瓦格纳不曾寄予厚望,她强烈要求丈夫给予她牺牲式的爱情,但她并没有为此感到喜悦。

结婚后,他们依然不停地发生口角。半年后,莱比锡某一音乐社的通讯员凯尼希斯堡很快就报道说:"指挥家瓦格纳已离开该地,可能是由于家庭的事情。"瓦格纳离开是因为明娜离家出走,没有人知道明娜出走的原因。后来,瓦格纳提出离婚诉讼。不久后,他又接回悔改的妻子。此时,瓦格纳一家暂住在俄国的里加。

1839 年，他们一家移居巴黎郊外，在那里一直住到1842 年。他们在那儿有过一段艰苦的日子。瓦格纳一直无法扬名，结果陷入贫困的深渊。由于鞋底破个洞，他无法外出，经常困在斗室中，他甚至买不起最便宜的剃刀。他时常饥肠辘辘，独自望着空无一物的餐桌发愣。最糟糕的是，有时他身无分文，几乎陷入绝境。

事实上，瓦格纳对明娜一直心怀感激。瓦格纳曾流着眼泪告诉朋友说，他的这位妻子个性坚韧。这位美丽的女人时常面带笑容，毫无怨言地亲自烹调洗衣。当她看到丈夫不顺利时，就尽量节俭，甘愿忍受贫穷，甚至当掉自己心爱的珠宝。那时候，朋友们都说，她是瓦格纳的守护天使。

1848 年法国大革命爆发后，瓦格纳也卷入旋涡。设法使他逃脱、免得遭受被捕入狱的命运的是明娜。在困境中，他们在乎对方更甚于自己。但是，一旦境况好转，两人的关系则会迅速恶化。

最使人痛苦的是，吵架好像成为每天的例行公事。1849 年，瓦格纳由于参与革命失败，和明娜前往苏黎世。在那里，明娜变得孤单，很自然地喜欢社交活动，而丈夫对她的冷淡也使她怨恨不已，以至于两人不得不分开生活。

潦倒的音乐家

避债巴黎

1937 年，瓦格纳在柯尼斯堡时曾经写了一首序曲《不列颠法礼》，并把它寄给爱乐学会的负责人乔治·斯玛特爵士，这是对英国自由开放的赞颂。这一时期是瓦格纳的失意之期，柯尼斯堡剧院倒闭了，妻子也离他而去。

姐姐罗莎莉给了瓦格纳无限的关怀。在家人的激励下，瓦格纳想出了一部歌剧的梗概，这是李顿的小说《黎恩济》给他的灵感。当他抵达伦敦时，早已草写完成故事大纲、歌剧剧本与第一、二幕的管弦乐曲了。

1839 年 7 月 9 日，瓦格纳为躲避债主由里加逃跑，这是他首度最惊心动魄的逃亡。瓦格纳先越过俄国边界，从皮拉乌走上一段惊涛骇浪的海路，前往伦敦。在平静的海上走了一星期之后，他们遇上暴风雨，不得不停靠在挪威海湾避风浪。船只驶进平静的峡湾，四周的礁岩便挡住凌厉的风雨。水手们下锚收帆，他们彼此间雄浑有力的呼喊声，在巨大的花岗岩间回响着。他们呼声中那种陡急高亢的节奏，后来就成了《漂泊的荷兰人》中《水手之歌》的主题。他们的船在抵达英国海岸之前，还遭遇了两次暴风雨。瓦格纳夫妇到达伦敦，上岸之后，瓦格纳觉得自己像是获得了新生，但他仍然感到脚下在摇晃不定。

1839 年 8 月 20 日，瓦格纳和明娜一起乘轮船越过边境进入法国。晚上，他们到达法国北部的海港布伦。他们居住在布伦一个乡村卖酒商人破旧的小房子里。房子在通往巴黎的大路旁，离布伦市区约半小时的路程。房间里没有家具，他们费了九牛二虎之力，弄来一张床、两张椅子和一张桌子。这张桌子他们得轮流使用，明娜用来放饭菜，瓦格纳则为《黎恩济》谱曲。

德国作曲家贾科莫·梅耶贝尔也在布伦，瓦格纳便决定去拜访他。梅耶贝尔是出生在柏林的犹太人，非常富有，后来定居在巴黎。梅耶贝尔是继罗西尼和韦伯之后，最受欢迎的欧洲歌剧作曲家。他的音乐颇受中产阶级的欢迎，反映出他们对于在革命中已经抛弃了的美景的渴望。之前，瓦格纳从柯尼斯堡写信给他，说在梅耶贝尔作品的指导下已寻找到戏剧音乐上的新方向。瓦格纳又告诉梅耶贝尔他写了一部《禁恋》，剧本和曲谱都已寄给法国戏剧作家与歌剧作家尤金·斯克莱伯。梅耶贝尔没让《禁恋》在德国演出，因为他觉得剧中喧闹的曲调与全部的音乐色彩较适合法国的观众。

最初，瓦格纳非常赞赏这位和蔼可亲而有影响力的作曲家在音乐上的成就，甚至一度把他与格鲁克、莫扎特、贝多芬并重。梅耶贝尔很高兴瓦格纳前来拜访他，他仔细倾听瓦格纳朗读歌剧脚本《黎恩济》中的前三幕，并保留了前两幕已经完成的曲谱，同时还一再称赞瓦格纳字迹工整。

在布伦居住了一段时日后，瓦格纳和妻子坐上马车前往巴黎。他最小的妹妹已经嫁人了，妹夫在巴黎开书店。妹夫为他在市场附近找了个房间落脚，居住的地方脏乱不堪，唯一还看得过去的，是屋前有一尊法国喜剧作家莫里哀的半身像。瓦格纳与明娜从此开始了两年半的穷困潦倒、备受羞辱的日子，他们的乐观、勇气和信心受到了严峻考验。瓦格纳甚至因为债务的关系，还曾在监狱里度过一晚。此时的巴黎在七月革命后，社会风气分外浮躁、混乱，一些暴发户执掌着国家政权。

梅耶贝尔为瓦格纳写了一封介绍信给巴黎歌剧院的经理杜蓬契。在杜蓬契担任剧院经理之前，是由名叫唯隆的人负责剧院事务。唯隆扭转了巴黎歌剧院负债累累的局面。他把观众所喜爱的壮观的布景、华丽的服饰和优美的芭蕾舞搬上舞台，甚至想出让有钱的纨绔子弟在台上和演员一起表演的主意。如此粗俗的做法，竟然使巴黎歌剧院获利达 100 万法郎。杜蓬契接管剧院后，这里成了中产阶级喜爱的场所。

杜蓬契答应见瓦格纳，他右眼戴着单眼镜，仔细阅读梅耶贝尔的介绍信，然后就一点消息也没有了。梅耶贝尔另一封介绍信是写给巴黎歌剧院和音乐学院音乐会的指挥哈贝涅的。哈贝涅没有一口回绝瓦格纳，这使他看到了希望。

李斯特恰好也在巴黎，瓦格纳经人介绍与李斯特相识。瓦格纳在巴黎一共见过李斯特两次。虽然他们并没有深交，瓦格纳也没有得到李斯特的赏识，但瓦格纳仍然受到了李斯特影响。比瓦格纳年长两岁的李斯特凭着钢琴上的非凡造诣，名声已经达到巅峰。瓦格纳此时却非常凄惨，他常在巴黎城里到处乱转，就为求得几个法郎好填饱太太和自己的肚子。不难想象如果遇到更糟糕的情况，他们连生活下去的办法都没有。

　　一家剧院答应为瓦格纳上演《禁恋》，瓦格纳夫妇终于可以松口气了，他们搬进了赫尔德街一间较大的公寓里。意想不到的是，这家剧院却在数日之后倒闭。这个消息对瓦格纳而言，无异于五雷轰顶。他不得不做任何工作，只要能付房租就行。他以哲学家的豁达，从事一连串改写曲谱之类的索然乏味的事，把它看成是对自己过去的一种惩罚。他现在的生活是"为了节省燃料，我们只用卧室，把它同时用来当客厅和饭厅，我的床和我工作的桌子只有一步的距离，要坐上餐桌，只需把椅子转过来就成。我总是在夜深要上床时，才会从椅子上起来。每隔四天我便要做一次短程的散步。"瓦格纳这时还蓄起了长长的胡子，令明娜厌恶不已。

　　在巴黎，瓦格纳结交了四个穷朋友：五十多岁有些神经质的音乐家安德斯；来自柯尼斯堡的语言学家撒姆尔·雷尔，他同时也是出版社的助编，后来与瓦格纳结成了生死至交；画家恩斯特·贝尼迪·济滋，他给瓦格纳画了一张画像；还有德国画家腓特烈·派克特。

　　劳伯也到巴黎来了。1840 年 1 月，瓦格纳经劳伯介绍与海涅相识，从海涅那里获得了《漂泊的荷兰人》和《唐怀瑟》的素材。瓦格纳谱写了《浮士德》序曲，以此对歌德和贝多芬进行综合的宣传。由于贫困所迫，他不得不靠写作挣几个钱，便根据霍夫曼的小说写了几部小说体音乐故事。在这些故事中，他以巨大的艺术力量表现了真正的艺术与敌视艺术的环境之间的矛盾，如《对贝多芬的朝圣》和《巴黎城中的结局》等。

贫困使他不得不做各式各样可以维持生活的工作，这使他在做人和做艺术家这两方面，发生了一些改变。他变得能屈能伸，在可怕的现实压力之下，他的精神和心智方面都得到了升华；在所有有关美学的事情上，他培养了更有力、更清晰的见解，也养成了警觉的脾性。虽然每天都是鸡毛蒜皮的琐事，瓦格纳的艺术感觉却日见深刻。原先他对贝多芬的《第九交响曲》没有深刻了解，但自听了哈贝涅指挥的排练之后，他感到"音源由四面八方流泻而出，汇成了一股音流，那是最动人、最神圣的曲调……"

艰难的生活

瓦格纳从小就为贝多芬的《第九交响曲》所吸引，后来他在莱比锡的格凡岛剧院所听到的，却让他迷惑。现在这些法国的音乐家们，受过了意大利抒情诗的训练，抓住了曲调和歌曲是音乐奥秘所在的要领。这样，瓦格纳不顾生活的困顿，也开始尝试作些曲子，以满足自己的艺术渴求。瓦格纳谱写的《浮士德》序曲后来成为浮士德交响曲的第一章，而第一章《葛雷卿》也已经在他脑海中成形。这首 D 短调的序曲先前受了《第九交响曲》的影响，后来则影响了《漂泊的荷兰人》。15 年后，瓦格纳在李斯特的建议之下重新改写。

瓦格纳为《音乐报》写了一篇短文《走访贝多芬》，以表达他对贝多芬的崇敬之情。在这一篇和其他的几篇文章中，瓦格纳显示出他还是一个十分优秀的文学作家，他的文体介于霍夫曼和海涅之间。

斯勒辛格早先一直拒绝出版瓦格纳为法国听众所写的一些歌曲。瓦格纳的朋友们建议他写些简短的曲子，让一些有名的歌手在音乐会上演唱，他们甚至还编写了部分歌词给瓦格纳谱曲，结果没有成功。没有一个有影响力的歌手愿意接受瓦格纳的歌曲，而瓦格纳也永远忘不了那些自满的法国歌手给他的羞辱。有一首被拒的歌，瓦格纳特别喜欢，他决定自费出版。后来他无法把制版费用付给斯勒辛格，只好做工抵债，因此就为《音乐报》写文章，他写了一些优美而富于幻想的故事和文章。

瓦格纳又着手写贝多芬的传记，由安德斯从旁协助，提供许多贝多芬的事迹给他。这本书以小说的方式写成，内容很详细，但是没有任何出版社感兴趣。

瓦格纳希望多听些柏辽兹的音乐。柏辽兹曾仔细听过瓦格纳的《哥伦布序曲》，并称赞他的一篇故事《在巴黎的一个外籍音乐家》——这里面瓦格纳毫不隐讳地写出了斯勒辛格的贪婪和强取。瓦格纳观看了柏辽兹的新作《罗密欧与朱丽叶》的演出之后，对于曲子的壮丽与技巧的繁复十分赞叹。

瓦格纳在巴黎遇见了尤金·斯克莱伯，在里加时瓦格纳曾把《禁恋》寄给他，但他不承认自己收到过。

瓦格纳夫妇搬进了巴黎近郊穆登的一所便宜的夏季小屋里，因为他们的经济情况越来越差。1841年4月，瓦格纳的《黎恩济》已经被接受，要在德累斯顿演出。这是一出五幕剧。它的曲谱刚完成几个月，是瓦格纳歌剧里最长的一出。

瓦格纳向萨克森国王请求演出《黎恩济》之前，特别借了一个节拍器，好在曲谱上记下正确的拍子。用完之后，他把节拍器揣在薄外套底下，拿去还给人家。除了还东西，还得借钱吃下一餐饭，同时设法让债务已经到期的债主，答应把借据换新，把还钱的日子往后延长，而且还要向斯勒辛格借点钱，好将《黎恩济》的曲谱寄往德累斯顿。

手上持有瓦格纳的借据的人可以说是遍居于巴黎各地。"……我必须去找一个卖干酪的人解释——还要去还节拍器。早上跟明娜黯然道别以后，就早早出门了。她凭经验知道，我这趟是去筹钱的，不到深夜不会回来。浓雾笼罩着街道，我离开家时，第一个映入眼帘的是一年前被偷走的狗儿罗伯。……我以为是见到了鬼。"瓦格纳设法尖声呼叫它，它也似乎认识他，可是它后来又小心地朝后退缩，瓦格纳在它身后跟着走了好些迷宫似的街道，最后它还是消失在浓雾中。瓦格纳站在那儿，久久不动，心里有着说不出的难过，它居然会逃避旧日的主人，瓦格纳觉得这是个噩兆。

瓦格纳认为《黎恩济》是经过剧烈的阵痛才诞生出来的。它有五个极好的终场，很好的赞美诗，多人大合唱，游行的场面和声势浩大的管弦乐曲。如果《黎恩济》是梅耶贝尔写的，一定会风靡全巴黎，可惜它却是一个穷困到极点的德国乡下青年所写的。

明娜不得不写信给一个朋友，请求金钱上的救助："今早理查德必须离开我去坐债监……再过两星期，《黎恩济》的序曲就要公演了；可是在演练的时候他不能亲自在场，这怎么行呢？……我的眼泪又管什么用？难道这就是我们的末日了？"结果《黎恩济》没有公演。

虽然几年后，有些歌剧院请求上演《黎恩济》，但被瓦格纳拒绝了。因为它太长，而且音乐性质不均匀。瓦格纳也不满意这部作品。《黎恩济》最后三幕，是在瓦格纳生计最艰苦时写的。二十多年后，每谈及巴黎这段痛苦日子，瓦格纳总忍不住热泪盈眶。他一生一世都深深地感激着明娜，是她在他最贫贱的时候，勇敢而冷静地守着他，他的失望使她难过，看到他昼夜不停地为斯勒辛格拼凑些差劲的歌剧的改写曲，她感到既怜惜又骄傲。

1841 年 10 月，瓦格纳夫妇住进了杰克伯街，明娜为瓦格纳作了很大的牺牲，她把自己所有的首饰都当了。在巴黎这段困顿的日子里，瓦格纳经常和明娜散步到很远的地方去，并对她谈到他所谓的"南美洲自由的生活"。那里没有音乐和歌剧，但是若能苦干实干，便能过不错的生活。他那时在看一本关于马里兰州的书，以为它是在南美。明娜对他说，留在巴黎别上南美去，才是明智之举。后来，瓦格纳在德国推动音乐的改革，一遇到阻力就想移民到美洲去。

挪威海岸

经常在瓦格纳脑中浮现的一幕，是来巴黎途中在挪威海岸外所遭遇的风浪，暴风在船上缆索间的呼啸声，以及水手们回响在花岗岩壁间的吆喝声。他在船上时，水手们曾告诉过他有关漂泊的荷兰人的故事，在遭受暴风雨袭击时，这个故事便开始在他脑中成形。当他听着狂风吹着缆索的响声，他突然隐约中看到另一艘船出现，然后又突然消失于黑暗中。他相信自己是见到了漂泊的荷兰人，于是他的脑海里又渐渐有了音乐。

瓦格纳在里加时曾读过海涅的《赫恩·斯那伯勒夫斯基的回忆》，这本小说的主题是，只有一个女人的爱，才能赎救那沉沦于地狱中的船长的灵魂。在巴黎，这个歌剧里的诗句和音乐逐渐成熟。瓦格纳想《黎恩济》若是遭到拒绝，也许短短的独幕歌剧，作为芭蕾舞表演前的开幕剧，会更有发展的机会。

梅耶贝尔把瓦格纳介绍给歌剧院的新负责人雷昂·皮耶。瓦格纳把新剧的稿本给皮耶看，皮耶很喜欢，但却不肯让他作曲。他建议瓦格纳以500法郎的价格把故事卖给他，并告诉他，歌剧院至少几年内不会请他谱曲。瓦格纳听从了他的建议，这个故事成了歌剧《幽灵船》的前身。

这年的夏天，瓦格纳写了《漂泊的荷兰人》的曲谱草稿。几个月后，他把全部曲谱完成。年底，瓦格纳将它寄给柏林剧院的经理韦翰·雷登。《漂泊的荷兰人》首次展示了瓦格纳的一种特殊的能力，他能把一个原始乐曲的原始主题，发展成为全剧的主题。虽然技巧不够娴熟，但是从这部歌剧看来，他已经打定主意，不走容易的、传统歌剧作曲家的路线，而另辟蹊径，孤独而勇敢地向音乐戏剧之途迈进。在巴黎，他终于应验了吉恩·保罗的预言，成为糅合诗歌与音乐的艺术家。两年后,《漂泊的荷兰人》在柏林上演。

瓦格纳像

随着《漂泊的荷兰人》的完成,瓦格纳开始领悟到自己改革音乐的使命。瓦格纳渴盼着返回德国,他认为德国将更有利于他的发展,他可以试着改变人们对音乐的鉴赏力。

1841 年,费尔巴哈的《基督教的本质》出版后,在整个欧洲引起了强烈反响。在这本书中,对宗教的批判由对人与宗教之间的关系的表述所代替。这种表述力图说明,所有宗教都是人和社会创造出来的。瓦格纳从此刻起成了费尔巴哈的信徒和无神论者。在《1849 年革命》这篇自由诗体的文章中,瓦格纳写道:"我渴望打碎强权者、法律和财产的暴力。自身的意义是人的主宰,自身的乐趣是他唯一的法律,自身的力量是他的全部财产,因为神圣者是自由的人,没有什么东西比他更高贵了。"

瓦格纳在巴黎度过了 3 年饥寒交迫的生活。他在这里看到资产阶级社会的最发达形式,即毕尔纳所称的"有毒的金钱经济":人民的贫困和以罗斯查尔德家族为代表的银行家们的奢侈生活。巴尔扎克曾借纽沁根男爵的形象在小说中给他们勾勒出一幅惟妙惟肖的画像。瓦格纳认定自己是歌德和席勒、贝多芬和韦伯等为代表的德国古典艺术和音乐的学生和崇拜者。怀着这一信念，他发现自己陷入力图将所有艺术变成商品的艺术工业社会中。在巴黎，瓦格纳积累了社会经验，这些经验将影响他以后的整个世界观。

1842年4月7日，回德国的日子终于到了。瓦格纳在朋友们依依不舍的送别中，离开了巴黎。

返回祖国

"这是我第一次看到莱茵河，我的眼里满是泪水，我发誓，虽然自己只是个穷艺术家，却要把我的一生贡献给祖国——德国。"瓦格纳离开巴黎后，经由德累斯顿回莱比锡。回去的路并不好走，他们遇到了暴雪和寒风天气。由于许多人赶往莱比锡的复活节市集，路程行进得非常缓慢。

1842年4月12日，瓦格纳夫妇到达德累斯顿，可怜的明娜吃了不少苦头。瓦格纳童年时期曾经在德累斯顿生活过，对这儿有深厚的感情。然而现在在荒寒阴沉的天气里，到处显得冰冷而死寂。

《黎恩济》和《漂泊的荷兰人》将要在德累斯顿首演。《黎恩济》的故事情节是：14世纪时罗马城暴动，黎恩济领导民众反抗贵族，取得教会的支持并获得成功。黎恩济被选为护民官。他的妹妹伊伦娜被贵族高隆纳之子阿德里亚诺狂热地追求。但贵族不甘心失败，高隆纳父子加入反抗护民官的队伍。黎恩济被阿德里亚诺诬陷卖国，教皇听信谎言，罢免了黎恩济的护民官之职。阿德里亚诺要伊伦娜和他私奔，但伊伦娜情愿和哥哥在一起，黎恩济演讲的皇宫发生了火灾，黎恩济和伊伦娜葬身火海，阿德里亚诺为救伊伦娜也一同殉难。

从《黎恩济》到《漂泊的荷兰人》，瓦格纳的写作有显著的进步。《漂泊的荷兰人》是由"歌剧"进入"乐剧"的第一步。瓦格纳的这部作品，无论在音乐方面或戏剧方面，无论在乐谱方面或剧词方面，都已获得较完美的效果。其中含蕴着阴郁迷幻的色彩，只偶尔夹杂着一些轻松悠闲的情调。

传说从前有一个荷兰的航行者，冒着巨大的风浪想要绕过好望角，并发誓说必须完成此壮举，虽作一世的航行亦无所惧。魔鬼听了他的誓言，就判了他的罪，罚他终生在海上漂流，直至世界的末日，他将永远不得解脱，直至他的死日。每七年许他登陆一次，让他去寻觅那愿以忠贞的爱为他赎身的女子。

歌剧开始的时候，恰恰又满了一个七年的时期，那荷兰人的船停泊在沿挪威海岸的一个港湾里。在那里原有一只船在躲避风浪，船主是一个名叫达兰德的挪威人。达兰德的家在离那儿不远的地方。荷兰人在谈话中得知达兰德有一个女儿还不曾出嫁，他就要求达兰德允许他向她求婚，并说愿以全部的财物作为报偿。达兰德同意了。他的女儿名叫森塔，是个多情的女孩子，漂泊的荷兰人的故事很早就在她的心里留下很深的印象。当达兰德把那荷兰人带到家里来的时候，森塔正专注地注视着一张传说的故事中的主人公的画像。等她看到那位客人的相貌，与画中人惊人的相像，就立刻被他迷住了，她的忠贞的爱无形中已贯注在这位客人的身上，她自觉有赎救他的使命。后来，一个名叫埃里克的青年对森塔倾诉自己的爱意时，被那荷兰人听见了，荷兰人想到自己这次必又将遭人抛弃，遂毅然而去，返回到自己的船上。可森塔追到岸边，说她是真心爱他的，那荷兰人也是真心爱森塔的，他不愿连累她，就向她说明自己的身世，想使森塔害怕，然后他立刻开了船。但森塔毫不为他的话所动，誓要忠贞爱他至死为止，她跑到一个悬崖的边缘，两臂向着那荷兰人张开，纵身跳入海中。这时幽幻的船影沉下去了，海水涌起了高浪，旋又落下，成了急流的漩涡。在落日的余晖中，森塔与那荷兰人的影子互相拥抱着，在海上浮现出来。

歌剧院里的许多工作人员不喜欢瓦格纳，因为他要求多、脾气也不好。只有合唱班的教练韦汉·费雪与戏装设计师费迪南·海涅对他比较友善，在《黎恩济》首演时，不论瓦格纳怎么要求，韦汉和费迪南都尽可能地照他的意愿去做。除了这两个人之外，瓦格纳对德累斯顿的幻想全都化为乌有了，他觉得尽管故乡的山川草木使他眷恋，那些所谓的贵族却是"污秽的、势利的、蠢笨的、怠惰的，而且粗俗……"

阔别六年后，瓦格纳见到了母亲乔安娜，心情十分激动。随后，他就前往柏林，去和剧院经理雷登商讨《漂泊的荷兰人》的演出事宜。《漂泊的荷兰人》是通过梅耶贝尔介绍给雷登的。

到了柏林，瓦格纳发现雷登将要退休，继任者是原慕尼黑剧院的经理，就是以前否定过《漂泊的荷兰人》的一个人。那人不便推翻雷登的决定，便把它无限期地拖延下来。不能在柏林演出，使瓦格纳的情绪十分低落。毕竟在德累斯顿的成功是比不上在柏林的成功的。单从报酬角度来说，在柏林每演出一回便有上演税可拿，德累斯顿方面却是一次成交的。无奈之下，瓦格纳把希望寄托在普鲁士国王威廉四世那儿，希望他能帮助自己完成艺术理想，但是仍然没有成功，他的歌剧也一直没能在柏林首演。

瓦格纳到柏林时，曾去找门德尔松。门德尔松刚刚辞去莱比锡布业大厅乐团的指挥职务，出任普鲁士国王的一位音乐总指挥。之前，瓦格纳曾寄了份《C大调交响曲》谱给他，瓦格纳想请他帮忙使自己的作品得以在柏林上演。门德尔松对瓦格纳并不是特别欣赏，因此也没有利用自己的影响力来帮助他。瓦格纳与门德尔松的关系后来一直不是很好。

全新的领悟

瓦格纳离开柏林后，便回到德累斯顿，准备上演《黎恩济》。途中，他到姐姐露易丝家去看望他们，露易丝和她的丈夫及其他的家人准备按月给瓦格纳一些钱，一共给他六个月，直到《黎恩济》赚了钱为止，这使得他非常感激。

《黎恩济》排练前，明娜和婆婆一起去特普利采度假，瓦格纳则上波希米亚山区去找灵感，准备谱写《唐怀瑟》。他租住了一间简朴的房间。一天，他在攀登附近最高的山峰时，看到悬崖上有个牧羊人正用笛子吹奏着轻快的曲调："霎时之间，我竟置身于朝圣者的合唱当中，他们排成了一行，由牧羊人的身边走过……"这后来就成为《唐怀瑟》里的一景。瓦格纳回到特普利采时，情绪很好，他就在这里完成了这部歌剧剧情的第二次草稿，其余的工作则在以后的三年中逐步完成。1845 年，《唐怀瑟》在德累斯顿首演。

《唐怀瑟》讲述了这样一个故事：在维纳斯堡沉溺多时的唐怀瑟忽然对这样的生活感到厌倦。他不顾维纳斯的劝阻，决意离去。回到现实世界后，他与圣洁的伊丽莎白重遇。唐怀瑟因为讴歌肉体的享乐而被教会所不容。伊丽莎白让他明白了自己的罪过，唐怀瑟自愿前往罗马朝圣，并最终获得了救赎。在第一幕的第一场，唐怀瑟这样唱道：

　　神的使吏走向我

　　他要把罪人引向幸福。

　　啊！我戏弄了他，

　　对他投去了罪恶的一瞥。

　　噢！高居尘世之上的神。

　　你派来了天使！

　　饶恕我吧，罪恶深渊中的我，

　　曾蔑视了上天的使者。

　在第一幕的第二场，唐怀瑟更加热切地期盼着回到家乡，重获自由：

　　在玫瑰的芬芳中，

　　我渴求家乡森林的气息。

　　天空的蔚蓝，

　　草地的翠绿，

　　小鸟的欢唱，

　　还有那熟悉的钟声。

　　我必须逃离你的王国，

噢，女皇，女神，放我走吧！

这里，瓦格纳表达了对德国，对德国乡间景色的渴望之情。维纳斯堡、巴黎的生活、德国风景、对家乡的思念现在都统一起来了。

第三场里，唐怀瑟以新的形象出现，全然一副当时德国民族艺术家的崭新面貌：

我定要返回尘世。

在你这里我只是奴隶。

而我却追求自由，

自由，自由才是我所渴求的，

我要战斗、冲杀。

死亡和毁灭也在所不惜。

因此我必须逃离你的王国。

噢，女皇，女神，放我走吧！

《唐怀瑟》的这些基本思想是与作品产生的年代以及瓦格纳当时的观点息息相关的。这位大师后来也未曾对此产生过动摇。

瓦格纳这时开始领悟到，一个人必须集诗人和音乐家于一身，才有可能写出真正有意义的歌剧。《漂泊的荷兰人》是他朝着"完全的艺术体验"这个方向所迈出的明确的第一步，这样的创作体验，结合了诗歌、音乐和歌剧三种艺术。

《漂泊的荷兰人》中所使用的主导动机，逐渐成了瓦格纳音乐语言的标志。瓦格纳自己从未使用过这个名词，这是他的好朋友沃尔佐根在总结瓦格纳的创作特点时提出的。主导动机有时候浓缩在序曲中，成为整部歌剧的纲领。

皇家指挥

1842 年 7 月，瓦格纳结束了假期，回到德累斯顿，准备排演《黎恩济》。排练时，上上下下的情绪都很高昂，瓦格纳常与费雪和海涅两人商讨剧中事宜。

1842 年 10 月，《黎恩济》首演大为成功，这是瓦格纳一生事业里最成功的首演之一。"当我试着回想当晚的情景时，我只能说它的整个经过就像一场梦，或是快乐或是痛苦，我浑然无觉。……我躲在自己包厢的角落里，对于掌声全无感觉，而每幕终了……我就让人给拉上舞台。"《黎恩济》以300 塔勒（一塔勒是 3 马克）卖断给剧院，这笔钱大部分用来还债了。

1850 年后，瓦格纳的乐剧里，主导动机完全进入了交响曲的结构中，由于他剧中的人物，特别是齐格弗里德这一角色，他们在思想上和行为上重复甚多，而每个思想和行为都各有其适合的乐句，因此主导动机很快就能让人听出来。

在《尼伯龙根的指环》剧中，由于不断地有新的人物和剧情出现，而又仍然保留着原有的思想动机，乐曲因而不断地扩展，混合成许多精巧细致的声音形式。

1843年2月2日，瓦格纳被任命为萨克森王国宫廷乐队终身指挥，年薪1500塔勒。在当时的德国，音乐家的最高荣耀和快乐，便是获得皇室的终身录用，从此享尽荣华富贵。瓦格纳并没有为获得这个职位而感到过于欣喜。因为德累斯顿的歌剧院根本无力演出他想要写的歌剧。在明娜的劝说下，瓦格纳才同意担任指挥。为了要买一套宫廷制服，他花了100塔勒，他觉得真是再笨不过了，而且这套制服常常提醒他，自己不过是皇室的仆人而已。

腓特烈·奥古斯特二世国王对他的两部作品《黎恩济》和《漂泊的荷兰人》都还感到满意，他特别喜爱格鲁克的歌剧。瓦格纳觐见数日后，便在德累斯顿指挥了格鲁克《阿尔米德》的首演，使他成为诠释格鲁克作品的权威。

1843年1月，《漂泊的荷兰人》在德累斯顿首演。这部剧中有不少绝佳的歌曲，却未能引起观众的共鸣，主要原因在于观众和歌手还未能抓住新歌剧的精髓。所幸演员希洛黛·德芙琳把森塔一角演得活灵活现，卖座虽不理想，在评论界却颇获好评。

德累斯顿有一家建于17世纪中叶的意大利歌剧院，1817年时又建了一座德国歌剧院。1841年时，建了一座很好的歌剧院，它的传音设备都是上乘的，《黎恩济》《漂泊的荷兰人》和《唐怀瑟》都在这儿演出过，可惜它在 1869 年毁于一场大火中。德累斯顿的歌剧院，算是欧洲二流剧院中较好的，它招来了当时德国的两位首席歌手：德芙琳和提克瑟，它的管弦乐队还不错，不过需要改进之处仍有很多。尽管它的一般情况尚可，却仍然不适合上演瓦格纳的歌剧，因为一来乐器不足；二来主要的演员素养、技巧也不够，无法完全遵照他的指示演出。

瓦格纳原先对于接受音乐指挥一职，持着保留的态度，一旦接受之后，则以无比的热心全力以赴。他在德累斯顿歌剧院忠诚而毫不妥协、尽量完美地演出大艺术家们的作品，他不断地要求自己要完美、要进步。

瓦格纳仍然继续写作《唐怀瑟》。他的身体由于长期劳累和不注意生活方式，现在正闹着胃病。但是每当有新音乐在他脑中酝酿成形时，他就会紧张兴奋到极点。他整天待在床上看德国神话，并谱写《唐怀瑟》的草稿中维纳斯堡一幕里的音乐。

瓦格纳夫妇搬进了较宽敞的公寓里，为了布置新居，他花了超过自己能力所能负担的钱。"每样东西都是好的、坚实的，就像个 30 岁的人最后终于安顿下来时所该有的那样。"他想，凭着自己优厚的薪水，再加上各地上演他的歌剧，收入自会源源不断，奢侈一番是应该的。他买了一架开演奏会用的大钢琴，搬进了新居，买琴的钱直到 8 年以后，他把出版《罗恩格林》的权利交给伯来克普夫赫尔特公司时，才算付清。

1844 年 1 月,《漂泊的荷兰人》在柏林首演,由瓦格纳担任乐队指挥。观众包括普鲁士国王在内,第一幕演完之后,全场鸦雀无声,等到另外两幕也演完之后,全场才爆出了零星的掌声。两天以后第二次演出,由于批评家对于首演晚上的评论不佳,因此观众反应较差,这使瓦格纳心如刀割。

3 月,他前往汉堡指挥《黎恩济》的演出。渡过易北河时,河中浮冰处处,危险重重。汉堡在一场大火之后已经形同废墟,当地的剧院因经营不善,设备又差,更令瓦格纳无法接受的是,那个饰演黎恩济的是个又老、又弱、嗓音不好的男高音。因此瓦格纳有个念头,"干脆第二幕里让整个都城都倒塌下来,就让它早些埋进废墟里算了"。

瓦格纳想,若是能把自己的作品改写成钢琴曲,或许戏剧界和一般观众会对他的音乐多点认识。他决定委托皇家乐商梅瑟来替他印乐谱。根据约定,由瓦格纳付一切的费用,而卖谱所得的十分之一作为梅瑟的佣金。除了钢琴谱以外,他自己还印刷了《黎恩济》《漂泊的荷兰人》《唐怀瑟》的全部曲谱。在印刷期间由于资金周转不灵,他不得不设法将曲谱卖往各剧院,抵作演出时的权益费,以平衡收支。不幸曲谱全部都被退回,慕尼黑剧院甚至原封未动地退回了曲谱。这下瓦格纳不得不把自己经济上的窘况告知剧院经理,要求借支 5000 塔勒,这是他三年半的薪水。

1845 年 7 月,瓦格纳和明娜一起到玛林巴度假。瓦格纳的工作情绪很高，每日起早睡晚，把《唐怀瑟》的曲谱都写在特别的石蜡纸上，印了100份出来。在玛林巴度假的瓦格纳极力想要放松自己，那里的夏天气候好极了！每天早上他总要踱到树林里去，阅读随身携带的书籍。他坐在溪旁的树荫下，就与传奇故事里的人物开始对起话来。波希米亚的火山岩土激起了他充满诗意的幻想，圣杯武士、罗恩格林的故事便清晰而完全地呈现在他面前。

瓦格纳在散步时，在脑海中涌现了汉斯·萨克斯这一角色，同时又想起自己曾亲见的一场街头吵打混战。他的喜剧《纽伦堡的名歌手》便突然全部成形，他想这是个轻松有趣的题材，应该不会使他神经紧张才对。于是他便不顾大夫的劝告，一口气就把全部三幕的剧情以散文形式写成。

8月，《罗恩格林》的草稿已全部写成。瓦格纳的精神亢奋到了极点，使他变成了夜猫子。瓦格纳对于日后负责《罗恩格林》的戏服与装饰的人都加以特别的提醒，这出戏的背景是中世纪的初期，那时的人际关系单纯而亲密，他希望《罗恩格林》的制作能尽量地简约，只有这样才符合当时的真纯和简朴。

《罗恩格林》《漂泊的荷兰人》和早期的《仙女》，瓦格纳所描写的都是人、神世界的结合。罗恩格林是现代世界里的艺术家，他就是瓦格纳自己，就是我们日常生活里的奇迹和天才。唐怀瑟追求的是艺术的喜悦和忧伤，罗恩格林则是新生的艺术家，是唐怀瑟蜕化而来的。瓦格纳作为有才华的人，要求人们的绝对信任，就像罗恩格林要艾尔莎不要对他的过往刨根问底。但是人世的生活，原本就是处处要过问彼此的姓氏、生日、家谱等琐事的，罗恩格林与这样的现实世界相遇，终究难免于悲剧的收场。1847 年，《罗恩格林》的第三幕和最后一幕的管弦乐曲才得以完成。

当瓦格纳全神贯注于《罗恩格林》的题材时，他也与四周的世界越来越脱节，一些可厌的批评家们往往抓住了他作品中的小瑕疵穷追猛打，倒是那些很少上剧院，但却有思想的人们，给了他不少精神和实质上的支持。职业音乐家们似乎无法了解瓦格纳想要在歌剧中结合音乐与戏剧的理想，因此，他常常在朋友聚会时朗读自己的诗句，并阐释自己艺术的本质，而且还写了些像《歌剧与戏剧》之类的长篇论述。

瓦格纳的艺术越是向前精进，他似乎越是遭人误解。这时候的瓦格纳总是紧张、易怒。他和朋友费迪南·海涅常常一块儿喝啤酒，海涅还常和瓦格纳的另一个朋友奥古斯特·罗克尔在德累斯顿各报上，撰写一些条理分明、有力度的文章，以纠正那些对瓦格纳所作的恶意批评。

1846 年，瓦格纳在德累斯顿成功地指挥了一场贝多芬《第九交响曲》的演出，许多指挥家对贝多芬《第九交响曲》都感到难以应对。5 月，瓦格纳向德累斯顿剧院请了三个月的假，决定到乡下去休养。他带着明娜一起到有"萨克森的瑞士"之称的皮尔尼兹去，住进当地的一间农舍。

瓦格纳在皮尔尼兹草写了《罗恩格林》三幕里全部的乐

曲。瓦格纳认为《罗恩格林》已经精确地描绘出中世纪的景象，他现在想要往回追溯，更深入到德国过去的神话里去，在那个世界里，没有足以造成社会变形的事物，那个世界公正无私，艺术家的创作能立刻获得人们的赞赏。他有了这样的想法之后，便又开始阅读德国神话，并仔细研究这些北欧传奇的渊源。

1847年初，瓦格纳曾提出了一份备忘录，建议剧院方面作些改革，但未被接受。4月，瓦格纳和明娜搬进了德累斯顿近郊的马可利尼宫里一幢便宜的房子里，利用夏季的早晨和午后，创作《罗恩格林》剧的音乐。在屋后法国式的庭园中，他斜靠在老树下，就这么让自己沉浸在埃斯库罗斯、柏拉图和北欧神话当中。这时候他对德国传奇与希腊戏剧比对任何事物都要感兴趣。在他把北欧神话里的人物赋予人性的时候，他对希腊文化的研究可能多少帮助了他一点，使他写下了一部有着惧、爱、青年、老年与性爱的作品，并结合了原始的神秘与现代的精神。

不久后，瓦格纳回到柏林，指挥《黎恩济》的演出。《黎恩济》在柏林首演失败，瓦格纳前后共指挥演出了三场，却没有任何费用可拿，当然这是出于他自己的要求。瓦格纳和明娜垂头丧气地从柏林返回德累斯顿。

最后一场演出后，瓦格纳得到来自俄国的贵族和无政府主义者巴枯宁的热烈赞扬。巴枯宁小瓦格纳一岁，他抛弃了在俄国的财产和地位，而在西欧和中欧提倡革命。瓦格纳不

承认巴枯宁对他有重大的影响，因为他对革命的深度和目标的看法与巴枯宁不同，但却承认巴枯宁的思想和个性深深地吸引着他。晚年时他对妻子柯西玛说："这个狂放粗犷的人，就是日后俄国的缩影。"除此之外，在政治社会的思潮上，瓦格纳

中年时期的瓦格纳

还受到路德维希·费尔巴哈和皮埃尔·约瑟夫·普鲁东等人的影响。在《莱茵的黄金》中便有普鲁东的痕迹，普鲁东以为所有的财产皆来自掠夺；而费尔巴哈的思想也使得瓦格纳成为一个近于无神论的人，并且影响了他《尼伯龙根的指环》一剧的基本意念——诸神的末日。

1848年5月，瓦格纳把他长达40页的《德国国家剧院组织计划》呈给内政部，其中重点为：剧院经理不应由王室指派，而应由剧院工作人员和诗人、作曲家协会共同选出；设立戏剧学校，集权于音乐指挥一人。在民主运动之下，许多人认为宫廷剧院是不必要的封建奢侈，瓦格纳害怕剧院因此会失去王室的辅助，所以写成了以上的建议。不久，《罗恩格林》突然从皇家剧院的节目表上被取消，且没有任何解释。当时道具、布景都早已经开始订做了，瓦格纳的情绪真是坏透了。

北欧神话《尼伯龙根之歌》为瓦格纳带来了灵感，他打算将这部神话编为歌剧。这是一项浩大无比的工作，先由北欧神话韵文诗改写成散文，再编为诗剧，而后再改编为歌剧，重新谱曲。从最早的草稿到四部歌剧全部完成，瓦格纳花费了近30年的时间。10月，瓦格纳开始以散文的形式创作《尼伯龙根的指环》。几个星期后，他完成了《诸神的黄昏》的散文草稿。《尼伯龙根的指环》由四部诗剧组成，即：《莱茵的黄金》《女武神》《齐格弗里德》与《诸神的黄昏》。瓦格纳创作《诸神的黄昏》的主旨是："如果诸神在创造人类之后，便毁灭自己，他们的意志或者可以达成，为使人类有自由的意志，他们必须舍弃自己的影响力。"

流亡他乡的音乐家

避难瑞士

1848年欧洲爆发大革命，1月，瓦格纳的母亲乔安娜在莱比锡去世，享年70岁。

瓦格纳参加了一个革命团体，倡导艺术和剧院的革新。他认为要达到这一点，人们首先要戒除贪欲，这样，人类才能"达到完全的解放，才能完全符合基督的教诲"。

1849年，形势和气氛越来越紧张。4月里，萨克森国王奥古斯特二世废除宪法，解散国会，关闭《人民报》，报馆负责人罗克尔逃亡到布拉格。

人民委员会指定了一个临时政府，宣布以武力对抗王室，于是开始与王军发生冲突。

动乱于5月8日晚被平定。罗克尔是主谋之一，被捕并判处死刑，后来改判终身监禁。这些年来瓦格纳一直和罗克尔保持着联络，他能逃过逮捕是个幸运的意外。他和巴枯宁及其他临时政府里的人一起出亡，走到弗来堡时，他一个人走散了，其他的人全部落了网。瓦格纳当晚在该地的旅店中独自过了夜，次日转往魏玛。李斯特是瓦格纳的好友，也是欣赏他作品的人，他在这里等着接应他。瓦格纳写信回去告诉明娜，让她释怀："我们革命是为了从新的基础上重建，我们并非要毁灭，乃是要创新。"

从瓦格纳的一切行动看，都不能把他当作热血沸腾的革命者，他甚至算不上革命者，巴枯宁说他是"幻想派"。瓦格纳竭力想把他的政治主张和艺术信念融合在一起。他写信给友人说："……我们必须打破这些藩篱，方法就是革命！……普鲁士国王只要对歌剧院作一个简单、明智的决定，一切就又都会正常起来！"

受到通缉的瓦格纳的罪名是纵火烧剧院。德国已经没有瓦格纳的容身之地了，他不得不逃亡到他国去。

1849 年 5 月，瓦格纳作为政治犯，由德累斯顿逃往苏黎世，再次经历了惊险的逃亡。同一月的 27 日，瓦格纳抵达康斯坦斯湖。他一路乘邮件马车而来，用的是耶拿大学韦德曼教授的过期护照。路费由李斯特先垫付，以后用瓦格纳的歌剧《罗恩格林》的演出收入偿还。瓦格纳继续向苏黎世前进，他第一次看到环湖的阿尔卑斯山在落日里闪闪发光，他立刻决定要在此安身。他的全部行李是一首歌剧草稿及 20 法郎的现金。

瑞士的山与德国境内低矮的山完全不同。这些巍峨雄壮有如戴着金冠的高山，是大自然伟大的杰作，它们激起了瓦格纳心中更高洁的情怀。《尼伯龙根的指环》一剧的构思是他在山中漫步时完成的，大部分的写作也是在瑞士进行的。

瓦格纳踏上瑞士的土地后，立刻给明娜写了一封信。

我亲爱的、忠实的妻子：

我顺利抵达瑞士，我本希望能早一天在这里给你写信，但旅行速度极其缓慢，经常滞留。

……

一小时后，我将继续前往苏黎世。我打算在苏黎世稍事休息，以便再详细写信告诉你路上的情形。

我安然无恙了。愿上帝保佑你！我很为你担忧，我此刻鼓起了生活下去的巨大勇气。再见！亲爱的！明天再从苏黎世给你写信。

对于崇拜瓦格纳的人而言，瑞士是个圣地，瓦格纳的作品及其一生都和这个小国有着密切的关系。将近十年的时间，他都住在苏黎世。流亡生活并未使他艺术创造之泉干涸。这个地方的山谷、湖泊、山脉似乎结合了他的思乡之情，使他脑海中原始的德国神话，更增添了些新的、戏剧化的内涵。除了《尼伯龙根的指环》外，他还写了《特里斯坦和伊索尔德》《纽伦堡的名歌手》与自传《我的一生》。直到11年后，他才获准返回德国。

抵达苏黎世后，瓦格纳找到缪勒，缪勒现在是钢琴教师与唱诗班的领队，他介绍瓦格纳给杰克·苏瑟认识。瓦格纳和苏瑟成为了挚友。缪勒和朋友们设法让瑞士官方发了张护照给瓦格纳,使瓦格纳方便到法国去。护照上写着:"瓦格纳,莱比锡人,作曲家,36 岁,身高 163 厘米,棕发、蓝眼……"瓦格纳写信给朋友说,"我发现我在这儿还蛮有名呢!真要感谢从我的歌剧里改写的钢琴曲……"

　　苏黎世在当时有居民 3 万多人,瓦格纳对于这里的阿尔卑斯山、这个城市本身以及沿着利马特河的旧式房屋和教堂,乃至于这儿优雅、聪敏、明智的人们,都有说不出的喜爱。这里的人们以简单、温和的观点来评论他所遭遇的挫折,出于本能地同情他的艺术理想,他在这儿简直就不想离开了。李斯特和明娜都认为他成功的下一站是巴黎。李斯特甚至已在论坛报上写了一篇大力推介《唐怀瑟》的文章,替瓦格纳做足了宣传。两天之后,瓦格纳疲惫地离开了苏黎世。

苏黎世的风景

瓦格纳是抱着激昂的斗志到巴黎来的，结果刚到巴黎，他的情绪便低落下来。巴黎此时正处于闷热的季节，到处流行霍乱，路上常有送葬的队伍经过。瓦格纳于是离开了巴黎，前往城外的一个村庄——卢韦，在一个酒商家里租了间单人房住。

　　7月初，瓦格纳又折回苏黎世。他写了一篇题为《艺术与革命》的文章。他把这篇文章寄到法国的出版社，被认为文体杂乱、德国味过浓而遭退稿，后来，由莱比锡的一个出版商印成小册子。瓦格纳写了许多评论性的文字，但大多艰涩难懂。

　　瓦格纳自觉有个使命，他对于文明社会里的剧院功能有自己的见解，他要让观众明白他的观点。18世纪德文开始成为一种文学的语言，有的德国人认为剧院具有净化人类心灵的功能。半世纪前的席勒也自己写剧本，并发表有关剧院的理论。自席勒之后，流行的剧本很少受到有学之士的影响，而多受中产阶级商人的影响，渐渐偏向于消遣、娱乐。观众希望演出富于变化，却不在乎剧本品质，他们要求戏目常换，鉴赏力却一落千丈。

　　瓦格纳坚信自己担负改革德国戏剧的重任，他要使观众相信戏剧与深思的、富含诗意的音乐具有同等的重要性。从1850年开始到去世，瓦格纳是欧洲人讨论最多的音乐家。

开始扬名

瓦格纳的歌剧开始受到观众的欢迎，主要还在他动人的乐曲，人们对他音乐的了解，并非是他所期望的那样。后来，他这个萨克森皇家音乐指挥戏剧性地逃亡,使他名闻全德国。他成为新的、进步的音乐趋势的象征，他的歌剧、他的论述以及越来越多支持他改革的人，加上他自己的宣传，终于使一些人明白，普通的歌剧和瓦格纳的歌剧之间有着基本上的不同。音乐像戏剧一样，应该在同一个时代的文化生活中占中心的地位。对于尊崇瓦格纳的人而言，他代表着心智感性的深入与纯化；对于批评他的人而言，他则成为对他们的标准的一种挑战。

在所有支持瓦格纳的人中，李斯特对瓦格纳的帮助是最直接的。1850 年 8 月 28 日,李斯特将《罗恩格林》推上舞台。李斯特要让人们知道，瓦格纳的歌剧要在德国剧院演出，并非不可能。此后，瓦格纳的曲谱需求量不断增加，他的歌剧分别在莱比锡、法兰克福、威斯巴登、布雷斯劳、杜塞尔多夫、汉堡及里加等地，或者演出，或是策划演出，其中需求最多的是《唐怀瑟》。由于他是个"革命罪犯"，这样的成功更是具有特殊意义。这些地方的剧院上演瓦格纳的歌剧只付一次费用算是买断了，以后他们高兴演出几次就演出几次。瓦格纳靠歌剧得来的报酬实在太少了。

要了解瓦格纳，也要研究他的理论著述。这些著述显示出他在不同时期的艺术理想，直至最后的臻于完美。瓦格纳研究希腊戏剧，对于希腊人"美"的意念，有特别的领会。这点在他艺术理想成形的过程中，有很大的影响力。

1849年11月，瓦格纳在一间阴冷、昏暗的楼房里，写下了他的《将来的艺术创作》，献给费尔巴哈。

费尔巴哈曾在柏林受教于德国哲学家黑格尔，后来对黑格尔的议论持不同的看法。他认为黑格尔所讲的已经过时了。他以为基督教教义已经失去意义，人们需要有新的信仰，那就是去除了神性的人性，人们应该在自身的需求和渴盼当中寻得理想中的思想和信仰的真义。瓦格纳写《艺术与革命》，受到费尔巴哈相当大的影响。

在《将来的艺术创作》中，瓦格纳率先使用了一个名词"将来的集体艺术创作"。他的意思是要扩展"三种纯人类艺术形式"的合作（这三种形式是音乐、诗歌和戏剧），使它们更进一步，与其他的"辅助戏剧演出"的艺术形式相结合，如建筑、雕刻、绘画等。这种合作的达成，需要有一帮心情愉悦的艺术家，在一位导演的指挥之下工作，而这个导演本身应该是个通晓文字和音律的诗人。这本书出版后，一位教授便把他的新词简化为"将来的音乐"。

明娜非常喜欢巴黎,她不愿意离开那儿,但是为了与瓦格纳相聚,她只好到苏黎世去。瓦格纳的健康状况不是太好,他觉得应该多做一些运动。每经过一段时期挖空心思的创作和心智活动以后,他不是去休息,就是去好好地爬一趟山。他喜欢看山上的风景,也喜欢登山时的惊险刺激。为瓦格纳立传的一个传记作家纽曼说瓦格纳的脑袋和身体配合得十分完美,而神经的控制也精细而完全,这从他所抄写的曲谱工整美观的程度可以看得出来,他觉得瓦格纳若是做个爬高工人或是走钢索的人,同样会是很杰出的。

瓦格纳患有痢疾和疹病,他按照自己一直使用的办法——到附近山里去做水疗。这一套水疗的程序,是把全身包起来,好好地流上数小时的汗,再把自己丢进4℃的冷水里,然后出来在晚秋的凉风中快走,以恢复血液循环,同时只能喝水,酒、咖啡和茶都不许沾。明娜对这件事不赞成,她把负责给瓦格纳做水疗的人叫"水犹太"。

因为精神不好,瓦格纳还没开始为《少年的齐格弗里德》谱曲。瓦格纳有个朋友叫卡尔·李特,他的母亲对瓦格纳十分仰慕,这时开始每年固定资助瓦格纳500塔勒,一直到瓦格纳被准许回到德国。

明娜来到苏黎世后,就不断地逼着瓦格纳再作第三次征服巴黎的尝试。瓦格纳极不情愿地带着一部歌剧的散文稿本——《铁匠维兰》前往巴黎。瓦格纳的用意是请人把稿子译成法文，再卖给歌剧院，像以前卖《漂泊的荷兰人》那样。瓦格纳的希望落了空。歌剧院拒绝了《铁匠维兰》，他心中痛苦极了。

瓦格纳在苏黎世写过一篇题为《犹太人的音乐》的评论短文，1850年8月刊登在新音乐杂志上。当时，出版这篇文章使得瓦格纳在市场上原本滞销的著作立刻畅销起来。

瓦格纳是怎么会想到要写这篇文章的呢？早些时候他曾见过像"希伯来人的艺术鉴赏力""犹太人的装饰音乐"之类的词句，可是他发现并没有人对它们加以解释。瓦格纳在巴黎观赏了梅耶贝尔的《预言者》演出，他非常不喜欢，因此不及终场他便离席而去。虽然这部歌剧被瓦格纳认为是欺世盗名，但是却广得观众的喝彩和赞赏。梅耶贝尔是犹太人，瓦格纳于是下结论说，犹太人是创作不出什么可听的乐曲的。

瓦格纳认为犹太人在外观上、言语上和歌曲上都让人不喜欢，可是他们为什么那么受观众的欢迎呢？瓦格纳偏激地认为这就是人们拜金主义的结果。犹太人有钱，他们不是辛苦流汗赚来的，而是用像放高利贷一样的方法赚来的。由于有钱，在现代的教育制度之下，犹太人也可以进学校受教育了，于是就产生了一种新的社会现象——受过教育的犹太人，甚至不惜改信基督教，想要消除自己身世的痕迹。

如果一个犹太人改变信仰就会失去族人的信任，被孤立出来。在另一个信仰的世界里，他无法真正占有一席之地，他不了解那个社会，人们的努力和奋斗不接受他的参与，社会的历史和发展也拒绝他。犹太作曲家只有从犹太教的音乐中找寻灵感，而犹太教的音乐却是单一的。犹太人在文化上是孤立的，便无法有真正的冲动去从事艺术创作，没有这样的冲动，也就不会有宁静，因为冲动消退之后，是单纯高远的平静。瓦格纳因此认为犹太音乐是浮躁、枯索的。

《犹太人的音乐》刊出后一星期，《罗恩格林》在魏玛首演。卡尔·李特写信来说，这出戏的音乐很好，可是剧情不够完整。瓦格纳写信给巴黎的济兹，暗示自己准备大展宏图。瓦格纳说自己要是有一万塔勒，就要在一个合适的地点，建一座木造的剧院，请来最好的歌手，邀请对他的作品有兴趣的人，前来免费观赏他的歌剧。

德国各地的剧院纷纷来信请求瓦格纳上演《唐怀瑟》和其他歌剧。像雪花一样飞来的信件打动不了瓦格纳，他已经决定无论如何都要盖一座自己梦想中的剧院，来上演他的《尼伯龙根的指环》。

1851 年，瓦格纳把《漂泊的荷兰人》《唐怀瑟》和《罗恩格林》里的剧词都印成册，并附上一篇长的自传式前言，就是《给朋友们的信》。在书中，他对朋友们宣布说，要从历史的、浪漫的歌剧走向神话戏剧了；要处理的是人世习俗束缚外的纯人性；要逐渐地离开传统的歌剧形式。瓦格纳又开始写作《尼伯龙根的指环》了。

这年年底，瓦格纳的情绪兴奋而愉快。明娜把他们的新居布置得到近乎奢侈的程度。"她买了张大而豪华的长椅，地上铺了地毯，而且还买了各种漂亮的小奢侈品。在后面房间里，我那松木做的写字台上，铺着绿色的桌布，房内则挂着柔软的绿丝窗帘。"

瓦格纳的生活确实奢侈豪华，这也成了别人批评他的原因。也许是为了作曲，他需要远离尘世的烦嚣，为了在作曲时产生一种如入梦

李斯特雕像

境的感觉，他需要华美的环境——柔软的地毯和窗帘，反射出柔和丰盈的光线。各个房间里还得洒上芬芳的香水，他特别喜欢厚厚的窗帘和门帷，这给他一种身在世外的感觉。同时，他在瑞士的阿尔卑斯山中进行马拉松式的漫步，也为他带来了源源不绝的灵感。

对于这一点，瓦格纳说："我的神经很容易激奋，我需要华美亮丽的光线。"所以对明娜布置的新居，瓦格纳很满意，精神特别舒爽。瓦格纳奢侈的享受需要大量的金钱，他的钱全是借来的。

瓦格纳要开始为神话乐剧配曲，他相信一个新的社会

就要来临。他写信给朋友说："……我要完全离开现在的剧院和观众了，我要明确而永久地与现在决裂。……只有经过一番革新，才能把我需要的艺术家和观众带给我。……我将从废墟中找到我所需要的，收集到我所需要的。我要在莱茵河畔建起一座剧院……我要向新的人们解释革新的意义。"

　　然而法国民主政治的失败，以及水疗带来的后遗症，使瓦格纳遭到身心两方面的创伤。他现在讨厌任何与人类文明有关的事情，只对大自然有无尽的渴慕，不过他对将来却并未完全绝望。这时他又兴起了移民美洲的念头。

　　瓦格纳完成了《莱茵的黄金》的草稿，面对着景色撩人的湖水和远处雄伟的阿尔卑斯山，他又写下了《女武神》的散文草稿。这时，在一位德国抒情诗人乔治·贺维的介绍下，他认识了佛朗沙和爱莉莎·韦勒夫妇，他们都是富人，在汉堡拥有一家报社。他们在苏黎世堡另一面湖边上，有一幢雅致的老屋，瓦格纳后来遭遇到经济问题和其他的麻烦时，就常到这里来"避难"。

　　接着他写了一篇论著——《歌剧与戏剧》，他说将来艺术的创作者必定明了未来生活的内涵，并期望它成为他身体里的一部分。他提到诗歌与音乐间的新关系，也提到了神话和主导动机，不过这篇文章只是他的理论的抽象表达，而《尼伯龙根的指环》的创作，才是其具体的表现。他在写《齐格弗里德》时，有关未来戏剧形式的意念不知不觉地进入他的脑海，因此，他是艺术的创作在前，理论在后。

《歌剧与戏剧》完成不久，瓦格纳宠爱的鹦鹉巴伯死了，他很难过。他写信给朋友说："那在我心里的东西……也死了！我不管人家怎么笑我，我就是觉得，觉得……三天过去了，什么也安慰不了我！"

1853年初，瓦格纳把《尼伯龙根的指环》中的诗，自费印了50份。一天，瓦格纳躺在沙发上休息时，眼前突然出现了幻象，《尼伯龙根的指环》的音乐就此诞生了。

思想与理论

1852年瓦格纳花了一个月的时间，完成了《女武神》的诗作，身心疲惫，他决定去旅游一番。瓦格纳漫游在伯尔尼高原上，观赏着山区的景色，后来这些景色被写进了《莱茵的黄金》的场景和《女武神》第二幕中。他到了提契诺，然后又前往卢加诺，接着旅行到了马乔列湖，在那里他参观了勃诺美斯群岛，这是让·保尔在他的小说《特立斯坦》中所描写过的景色。因为瓦格纳想与人分享这些印象，所以他让明娜以及在苏黎世与他一起流亡的朋友克沃尔·赫尔韦梅一块儿前来。

这年年底，《尼伯龙根的指环》的诗作完成了。

瓦格纳指出浪漫主义和德国艺术以及歌剧和戏剧之间的矛盾。

在他看来，艺术的复兴及其对墨丘利（传说中的商业之神）统治的破除取决于观众的更新，靠的是新的劳动阶层。瓦格纳想让他们进入剧院。在 1848 年那次失败了的"七月革命"中，他旗帜鲜明地站在巴黎无产阶级这一边。瓦格纳认为，革命应该将人类从工业社会的桎梏中解放出来，艺术应该为他们展现一种新的美，把他们教育成更美好的人。像我们在瓦格纳那里经常碰到的那样，这又是"真正的社会主义"和德国古典人道主义的综合。

瓦格纳认为，对社会和艺术进行这种更新之后，它就不再"追逐金钱"，不再带有墨丘利的特征，而将成为耶稣和阿波罗的综合："耶稣为人类而受难，阿波罗使人类有充满欢乐的尊严。""音乐是个女人。"瓦格纳这样阐述道。人们可以看出，真正的爱情似乎只有在未来时代的德国艺术中，即在瓦格纳的作品里才存在。

瓦格纳一方面想当德国启蒙运动和古典文学的发展者，另一方面又想当它们的反对者。尽管如此，他并不打算在德国文化和古希腊戏剧之间进行综合。他试图证明，用希腊精神对悲剧进行的改造仅仅导致了歌德式或席勒式的某些戏剧的产生，也就是说引向了多条歧路。

1853 年 5 月 22 日，是瓦格纳 40 岁的生日。瓦格纳已经具有在苏黎世剧院举办音乐会的能力了，他为《漂泊的荷兰人》《唐怀瑟》和《罗恩格林》这三部歌剧写的序言被当众朗读后，歌剧中的音乐就开始以协奏曲形式持续演出了三天。瓦格纳这时候第一次有机会亲自指挥演出《罗恩格林》的音乐片段。

《罗恩格林》获得的成功、李斯特的友谊以及众多的理论文章的完成诱使这位音乐戏剧家又开始了工作。在苏黎世的这些日子里，《尼伯龙根的指环》诗作也完成了，紧接着瓦格纳为它谱了曲，先是《莱茵的黄金》序曲，然后是《女武神》，最后是年轻的齐格弗里德与森林精灵的齐唱。

这次的音乐会在音乐史上是件大事，因为这是第一次"瓦格纳音乐演奏会"。这次演出极为成功，观众们献给他一个银质的高脚杯以及一个月桂花冠；苏黎世的报纸赞扬他的音乐"出神入化"。瓦格纳写信给李斯特说："我把这全部的荣光，都放在一个美丽的女人脚下，呈献给她。"

这个美丽的女人就是瓦格纳一生中最爱的人。来到苏黎世后，明娜与瓦格纳的争吵越来越多。瓦格纳曾写信给友人说："我身上没有哪一点是我妻子所了解的……"瓦格纳遇到了玛蒂尔德·韦森冬克，她带给瓦格纳灵感与激情，《特里斯坦和伊索尔德》的创作灵感就是来自于她。

玛蒂尔德·韦森冬克是奥托·韦森冬克的妻子，她的丈夫是个有钱的商人，生活上十分富裕。玛蒂尔德温柔纤弱，多愁善感并且喜欢写诗。瓦格纳与玛蒂尔德之间的恋情类似于柏拉图式。很多年以后，玛蒂尔德在自传中讲述瓦格纳："他是一个大自然的爱好者，在自己的花园中他倾听鸟雀的鸣啼，一朵插在他写字台上的玫瑰也能使他喜悦万分。《齐格弗里德》中的'林间生机'一段讲述的就是斯尔塔森林中高大树冠的喃喃低语。他在远足时，常常在诗人赫尔韦特的陪伴下到这座森林去，两人谈论的话题往往是叔本华的哲学。"

韦森冬克夫妇的婚姻很美满。奥托·韦森冬克宽宏大度，有教养，善于理解别人。瓦格纳与妻子的婚姻却早已破裂，心灵受到重创的瓦格纳夫人不得不三番五次地做长期疗养。玛蒂尔德后来谈到了这场爱情的结局："直到这位大师逝世，我们都与他保持着友好来往，这是毫无疑问的……我们从来都不放过拜洛伊特的会演。在与柯西玛夫人结婚后，他首先带着妻子来拜访我们，后来把孩子们也带来了。"

瓦格纳开始接触叔本华的思想，阅读叔本华著的《作为意志和表象的世界》。叔本华对于音乐之美，有独特的概念和感受，与瓦格纳在《歌剧与戏剧》中所提出的"欢悦的、希腊式的生命"观点大不相同。瓦格纳为此在自己的理论与实际上作了一系列的调整。所有悲剧的根源，都在于人们了解到这可见的现实世界是无价值的，而这种了解在大艺术家的体内，应该是与生俱来的直觉。

瓦格纳在心智上的"希腊式的乐观"和他在直觉上的艺术家的悲观之间徘徊，叔本华的思想恰好使他可以明确地认识清楚自己的想法。瓦格纳的本能告诉他，《漂泊的荷兰人》《唐怀瑟》和《罗恩格林》是抑制意志的悲剧；而理智则告诉他，这个世界或许不完美，却仍然是潜藏着快乐的地方。不论叔本华或是玛蒂尔德，他们每个人都不是单独开启瓦格纳艺术灵感之人。叔本华的功劳在于提供论据，使瓦格纳对于直觉有更进一步的了解，在这方面叔本华倒是大大地影响了瓦格纳的创作生命。

瓦格纳对于探究人生有很浓厚的兴趣，他后来也阅读过谢林和黑格尔的著作，但是因为难以明白而放弃了。

1854 年圣诞节，瓦格纳把《尼伯龙根的指环》寄了一份给叔本华，书中没有附信，只题了字："怀着敬慕与感激"。叔本华没有明确表示看法，但是从其他方面可以看出，他对瓦格纳的音乐并不欣赏。

伦敦之行

1854 年，《尼伯龙根的指环》的一部分《莱茵的黄金》曲谱完成了。

1855 年，瓦格纳接受担任伦敦爱乐学会指挥的邀请，指挥八场音乐的演出，酬劳是 200 英镑。瓦格纳对自己能够再次站在舞台上指挥一支庞大、高水平的乐团感到欣喜。

然而，这次的伦敦之行糟透了。伦敦到处弥漫着浓雾，遇到的人大多不友善，乐评家总是心怀恶意地指责瓦格纳。登场前没有足够的时间演练，演出的曲子也是东拼西凑而成，但观众竟然没有表示不满，反而掌声如雷。

在第七场的时候，维多利亚女王和她的丈夫也到场观看，瓦格纳与女王相谈甚欢。22 年后的 1877 年，瓦格纳再获女王接见于温莎堡，他那次也是指挥八场音乐会的演出，节目内容是他自己作品中的片段。"女王身材矮小，不是很漂亮，她的鼻子有点红红的"，这是瓦格纳对女王的印象。被女王接见这件事，是瓦格纳此次伦敦之行最骄傲的事。

伦敦的生活费用要比苏黎世高，瓦格纳大部分的钱都用在食物、煤和出租马车上，但是他还是尽可能地一星期存上一些钱。瓦格纳后来才明白，原来他被请来指挥旧派的爱乐学会，其中还有故事呢。伦敦的爱乐学会不久前分裂为"新""旧"两派，旧派想找的著名指挥索尔不能来，而柏辽兹又为"新"派招去。卢德士曾读过瓦格纳的《歌剧与戏剧》，就向学会的委员会推介他。委员会以为"这么受人攻击的人，本身一定有了不得之处"，便派了财务主管亲自前去邀请。瓦格纳是在这种情况下被请来的。

伦敦的观众对于圣乐和俗乐间的界线，划分得很清楚，瓦格纳一方面觉得好笑，另一方面又觉得不是滋味。他所指挥的八场音乐会，都在汉诺瓦街的方厅中举行。其中第二场里，有几首曲子取自《罗恩格林》，他照往常一样在曲谱上加注解释，可是像"神圣的圣杯"和"上帝"之类的字都去掉了，因为在俗乐里不许提到这些。在艾塞厅演出圣乐时，却"人手一份亨德尔的钢琴谱"，就像"拿着圣经上教堂那样"虔诚。他发现英国的音乐文化，与英国国教精神牢不可分，圣乐比歌剧更能吸引观众。

尽管瓦格纳在伦敦觉得失望透顶，可是他看到指挥新爱乐的柏辽兹时，他说："一个几乎是我长辈的人，为了想赚几基尼金币而来这里，跟他相形之下，我不禁飘飘然，觉得开心极了。他整个人看起来真是又困倦又失意，我不免……同情起来。"柏辽兹对瓦格纳不似往常那么疏远。

　　1855 年，瓦格纳待在伦敦的几个月里，日子过得很沉闷。他的健康状况不好，总觉得伦敦过于寒冷。不过瓦格纳还是设法完成了《女武神》第一幕的谱曲，而且马上就要开始第二幕了。情绪极端恶劣无法工作时，他就读但丁的《地狱》。他写信给李斯特说，自己就像是活在地界里的罪人。生日那天，瓦格纳写了首挖苦自己的打油诗寄给明娜：

> 在这辉煌的五月里，
> 理查德·瓦格纳爬出了蛋，
> 即使最喜欢他的人，
> 也都希望他还留在里面。

　　瓦格纳这时认识了两个重要的朋友，一个是年轻的卡尔·柯林华，他是李斯特的学生。后来柯林华为瓦格纳歌剧写了不少钢琴曲谱，他长相清秀，可惜没有男高音的嗓子。瓦格纳为此觉得非常遗憾，要不然，他是演《齐格弗里德》的极佳人选。另外一个是德国的政治逃犯玛薇妲·冯·梅森堡，她是早期就赏识瓦格纳的人。

瓦格纳要回苏黎世去了，旧爱乐乐团热诚地为他饯行，团员和观众们把他团团围住，对他报以如雷的掌声。瓦格纳带着报酬迫不及待地回到苏黎世。他说："这是我赚过的钱里面，最难赚的。……每一英镑，无不付出了艰苦的代价，我不希望会再遭遇到这样的艰苦。"

回到了苏黎世，瓦格纳和明娜两人就前往琉森湖边的塞利斯堡。他原本以为在这山明水秀的地方，会对他有点好处。瓦格纳精神上的病痛越发地折磨他，饮食或天气稍有变化，就要发作一次，造成剧烈的痛苦。瓦格纳的病痛导致《女武神》的进度大大地慢了下来。他写信告诉李斯特说，这些诗，只有在他把它们谱上音乐时，才对他有意义。回去后的几个月，他草写了《特里斯坦和伊索尔德》第三幕里的内容。

瓦格纳的才智是多方面的，他对于文学、艺术、音乐、哲学和政治的新风尚、新力量，都作了本能的反应，他感到有一股冲动，必须在自己的论述里、信件里和音乐中，对它们加以评论一番。不过他本质上是个艺术家，音乐和诗歌的意念对他而言，比理性的世界更真实。

扭转 19 世纪音乐风格的是瓦格纳。英国的报界却一直对瓦格纳予以恶毒的批评，他们宣称："瓦格纳的泡泡吹爆了，而音乐终于还存在着！"像这样的批评，甚至到他去世后依然继续着。这时，欧洲的每个国家和美国各重要城市里，群众蜂拥着前去听他的歌剧。

1856 年，海涅在巴黎去世，瓦格纳则决定尝试回到德国。

瓦格纳出现在政治舞台上的时间很短，他那动摇不定、奇特而业余式的言行，都在说明他不适合做革命家，腓特烈·奥古斯特二世和他的朝臣们都明白这一点，他要是没有逃跑，可能也就从轻发落了。1856年春，瓦格纳写了封陈情书，寄给萨克森国王，请求宽赦——以前他是不肯这样做的。信中，他陈述七年前所以同情叛乱的理由。他之所以逃离萨克森，不接受审判，并非出于胆怯，实在是因为德累斯顿不能接受他的艺术观点，他以为政治、社会情况的转变，或许会实现他的理想，使艺术与生活有适当的关联。他对政治和时事的关心，只限于它会影响到他的艺术理想的部分；而他也从未真正认真地支持过任何政治活动。他在苏黎世所写的那些书，倒还真的都是关于艺术、生命、哲学等方面的理论。他说，他并不在意继续过着流亡的生活，只是他觉得自己的艺术与祖国密不可分，"只有在那里，我才有希望见到自己的乐剧演出，而这种经验，对我将来艺术的发展是不可或缺的。"最后，他承认自己丢开艺术去搞政治是错误的，他发誓说，以后绝不再涉足任何政治活动了。这封信从萨克森国王手上，转到了司法部，结果请求被驳回。

这段时间唯一使瓦格纳感到高兴的，是一位医生治好了他的毒热。瓦格纳原来的想法，是在莱茵河畔建一座"速成"剧院，但是现在他相信，会有更多的群众欣赏他的这些作品。

瓦格纳认为《尼伯龙根的指环》将会是他最伟大的作品。他说："单只它那高纯的诗，我可以说就已经使德国有了一部将来必引以为傲的作品。"

这只是瓦格纳自己的想法，其他人则没有这样的看法。虽然《莱茵的黄金》和《女武神》已经完成了谱曲，但是他们认为瓦格纳长期索居于苏黎世，必然已与现实脱节，恐怕很难完成《尼伯龙根的指环》的谱曲，甚至李斯特也是这么认为的。瓦格纳把所有时间都花在谱写《尼伯龙根的指环》上，他已经开始谱写《尼伯龙根的指环》中的另一部剧《齐格弗里德》，同时思索《特里斯坦和伊索尔德》的情节。

煎熬与宁静

1856 年 10 月，李斯特与俄国的卡洛琳公主来到了苏黎世，下榻于包朗拉酒店。李斯特在酒店举行生日宴会，瓦格纳即席演出了《女武神》里的第一幕，李斯特很赞赏。

李斯特离开苏黎世后，瓦格纳主要来往的只有韦森冬克这家人了。吸引他的不只是玛蒂尔德，还有奥托。1857 年，奥托让瓦格纳夫妇住进一幢房子，瓦格纳可以终生住在这里，只需象征性地付一点房租。房子在苏黎世恩格区里的绿岭上，毗连着奥托的新房产。瓦格纳夫妇把他们的家安置成艺术家和学者们聚会的场所。住进了新居，瓦格纳显得乐观而愉快，总算找到了完美的住处。他的灵感女神玛蒂尔德就在不远的地方，而她的丈夫奥托不但给他房子住，还帮他还清了债。

另一方面，房子里漂亮的小花园和一间大厨房，足够让明娜忙得团团转，再没时间监视着他，和他争吵不休了。

1857 年 5 月 8 日瓦格纳给李斯特的一封信中真实地描述了他此时的生活："我度过了一段困难的日子，它现在似乎被一种相当令人高兴的状况取而代之。10 天前我们迁入了韦森冬克别墅旁的小屋，为此我很感激与我交往甚密的这一家人的好意。在这之前我们遇到了一些麻烦，布置房间需要很长时间，因而在还不具备迁入的可能性之前，人家就已经催我们从老住宅迁到那边去。现在我夫人也病了，我不能再让她操心，所以一切搬迁事宜都是我自己料理的。我们在旅馆住了 10 天，后来终于在一个阴凉的日子迁到了新居。这样，我只能用终于已经搬迁完毕这个念头来安慰自己，以保持良好的心境。现在一切都过去了，一切都根据需要一劳永逸地安排妥当，一切都物归其位。我的书房有你所熟悉的学究气，让人感到舒适。写字台放在大窗户前，从这里可以远眺湖面和阿尔卑斯山。安宁和平静拥抱着我，一座可爱的、侍弄得很好的花园给我提供了散步和修身养性的好去处。我的夫人也有令人愉快的活计可干，不必为我整天心情忧郁，尤其是有一个规模相当可观的菜园要她去操心。"

明娜经常外出旅行，瓦格纳和玛蒂尔德的关系仍然很亲密，奥托极力隐忍着。明娜再次怀疑瓦格纳和玛蒂尔德之间的关系，她忍不住和玛蒂尔德大吵了一场。

1858 年 4 月 7 日，明娜收买年轻花匠截取了瓦格纳写给玛蒂尔德的问候信。明娜认为它是两人相爱的证据。

这封信也具有强烈的艺术家风格。瓦格纳写道："我在干什么样的蠢事啊！这是只顾夸夸其谈的兴趣吗？还是和你交谈给我带来的喜悦？——是的，和你交谈！但是，当我看见你的眼睛时，我却讲不出话来了，我要讲的话都变得毫无意义！看吧，当这双奇妙而神圣的眼睛注视着我，我整个身心都沉浸进它的碧波之中的时候，一切便都具有无比的真实，我也对自己充满信心！于是再没有客体和主体的分界，一切都合而为一了。这是深深的不可测量的和谐！啊，宁静产生了，宁静之中蕴藏着最高的完美的生活！谁要是想从外部去获得世界和宁静，谁就是傻瓜。只有盲人才看不见你的眼睛，在它之中找不到自己的灵魂！只有在内心，只有在灵魂深处才能找到幸福！——只有当我没有见到你，或不能见到你时，我才开口讲话，抱怨你。原谅我昨天的孩子气，你这样称它是完全对的。天气宜人，我今天要到花园去，要是我见着了你，我希望能不受打扰地和你待一小会儿。"

瓦格纳在后来写给爱莉莎·韦勒的信中说："对她（玛蒂尔德）的爱才是我的初恋，我永远只有这唯一的一次爱！"

瓦格纳对玛蒂尔德·韦森冬克的爱被证明是一种启迪思想、激发想象的力量。挪威峡湾的经历对《漂泊的荷兰人》产生的意义，瓦尔特堡的景色对《唐怀瑟》产生的影响，以及 1835 年纽伦堡深夜发生的殴斗对《纽伦堡的名歌手》最后两段终曲的影响，这一切现在都通过玛蒂尔德·韦森冬克被写进了《特里斯坦和伊索尔德》——这是一个生命的幻景，它渗透到现成的艺术动机中了。

瓦格纳的《特里斯坦和伊索尔德》中的爱侣，对黑夜与死亡有着无尽的渴盼。瓦格纳对于"黑夜和死亡能够解放一切"的概念深为着迷。在《卢辛德》里，日前的失意和虚华，最后都化成了对夜里无休止的平静与安详的一种热爱，这使得瓦格纳深思不已。此时，柯西玛也来到瓦格纳的住处，瓦格纳生命当中三个重要的女人——明娜、玛蒂尔德和柯西玛，现在都在这里聚齐了。他对她们弹起《齐格弗里德》里的曲子，并朗读《特里斯坦和伊索尔德》中的诗句。玛蒂尔德现在完全成了瓦格纳的灵感源泉。"他早上谱的东西，"玛蒂尔德说，"下午就在我的钢琴上弹出来，看看到底怎么样。这都是在五六点之间，他称自己是'黄昏之人'。"瓦格纳每有创作，都全部献给玛蒂尔德。这三个女士对他的《特里斯坦和伊索尔德》诗作反应如何呢？明娜觉得男女主角是让人难过、赚人眼泪的一对人儿；玛蒂尔德对于诗中的激情热爱，感同身受；柯西玛则把自己的想法藏在心底。

柯西玛在巴黎长大，生活得并不愉快，她那著名的音乐家父亲李斯特不许她见母亲。汉斯·冯·彪罗出身于贵族世家，曾跟随李斯特学习音乐，他对瓦格纳也非常敬慕。此时，柯西玛与彪罗结婚没多久，他们的蜜月显然很不如意，柯西玛觉得彪罗似乎爱瓦格纳比爱她还多。瓦格纳强烈的个性和《特里斯坦和伊索尔德》的悲剧性质，令柯西玛觉得抑郁而惊异。"我真傻，面对着他还会害羞。"她对明娜说。

这三个女人究竟哪一个才在他艺术家的生命里扮演着决定性的角色呢？瓦格纳认为是玛蒂尔德。瓦格纳的婚姻生活越来越不如意，他渴望从爱里得到救赎。瓦格纳的戏剧里交织着爱与死；爱不是一种快乐的、尘世的结合，而是经由死获得救赎的方法。爱人们只有从死里得到结合。也许，瓦格纳正是需要经历情感上的折磨与失意，才能开启他的天才宝库。"如果我们真能尽情地活着，也就不需要艺术了，"他曾这样写过，"艺术正始于生活终止之处。"

不久，奥托·韦森冬克便带太太到意大利去旅游，让她换换空气；明娜也上苏黎世附近的伯列斯腾堡治病，只剩下瓦格纳留在家里，为《特里斯坦和伊索尔德》谱曲。

1858 年 4 月 27 日，瓦格纳给疗养院里的明娜写了一封措辞严厉的信。

亲爱的明娜：

　　这就是我决定不去温泉疗养院，而让人把我送到疯人院去的那个日期。

　　因为似乎那里才是我唯一的去处！我所说的、所写的一切造成的无非是不幸和误解。但如果我对某些事缄口不谈，又要引起你的猜疑和不信任，似乎我想欺蒙你，如果我开诚布公地给你写信，并且完全抱息事宁人的态度，那么我被告知的只是：这是我策划出来的狡猾诡计，想立刻置你于死地！我同时还会被告知，我应该做个大丈夫！好吧，我不愿意做个大丈夫，而愿意做你的丈夫。

你尽管告诉我，我该如何讲话、思考，又该怎样看待世上的事物；我将完全照你的话去做。只要你不乐意的，我就不说、不想、不看，你该满意了吧？我该怎样去谱曲、作诗、指挥，你也给我指示吧，我愿意在一切事情上听从你的吩咐，以使你一刻也不再怀疑我。

7月，明娜回来了，可是由于失眠和吃药的关系，她变得暴躁易怒。他们的生活"真正成了地狱"。瓦格纳再也没法继续写《特里斯坦和伊索尔德》，他决定尽快离开。

1858年8月17日，瓦格纳和明娜永远地离开了那幢舒适的房子。明娜回德累斯顿，瓦格纳则与卡尔·李特一道去威尼斯。一路上，他觉得"离开她（明娜），既无眷恋，也不流一滴眼泪……我的情绪不断地升高……"他现在需要长期的安宁，来谱写《特里斯坦和伊索尔德》的第三幕。

威尼斯给瓦格纳带来了短期的宁静，他住在大运河边上破败的15世纪哥特式的宫殿里。威尼斯忧伤、美丽、如梦似幻，水上那些纤长、垂着黑帘的船只，由"甘多里"（驾驶威尼斯船的船夫）熟练地操纵着，有一股难以抗拒的魔力。夜里，瓦格纳无法入眠，他靠在阳台上，听到远方有人唱一首古老的民歌，歌声远远传来，深沉而哀痛，与遥远的另一头的歌声相应。一天晚上很晚了，他雇了船一路沿着幽暗的运河摇回家去，突然明月乍现，照亮了附近的宫殿，他的"甘多里"突然发出了一声低沉的号泣，像是动物的哀泣，这使他写下了《特里斯坦和伊索尔德》第三幕开始时牧人的号角所吹出的忧伤号声。

瓦格纳是宫殿里唯一的住户，他租了一楼几个带家具的房间。工作环境现在对他越来越重要，他把大的那个房间装上了垂帘，房东为他找来几张镀金的椅子，他的大钢琴也从苏黎世运到这里，现在他可以重新开始创作《特里斯坦和伊索尔德》了。因为染上了疟疾，腿上又长了疮，他的工作曾数度中断，他说这是威尼斯的杰作。此外，警方对他的调查，也使他很困扰。威尼斯并不属于德意志联邦，但它有部分属于奥地利王国，萨克森政府表明立场，奥地利领土不欢迎他居留。一个叫柯里斯皮的警察局局长，是个音乐爱好者，他呈给警政总署的报告里，对瓦格纳充满了同情。这时，瓦格纳已经同奥地利军人很熟，军乐队甚至在广场上奏起《黎恩济》的序曲。随着政治情况的恶化，奥地利和法国之间濒于开战边缘，警政总署下令让瓦格纳离开。柯里斯皮给他出了一个主意，让他以健康不佳为由，向总督申请延长居留，结果获准。瓦格纳总算可以安下心来工作了。早上他写《特里斯坦和伊索尔德》，中午坐船到匹阿契塔去和卡尔·李特共进午餐，然后就散步，夜幕低垂时，再回到自己的住处。他继续工作、读书，到晚上卡尔来了为止。他仍旧如往常一般贪婪地读历史、诗歌、哲学和传记。

除卡尔以外，在威尼斯，瓦格纳就只见过李斯特的一个学生、一个威尼斯钢琴教师以及俄罗斯王子。他写信给远方的玛蒂尔德，却被原封退回，他还为她记日记。

1859年3月底，瓦格纳完成了《特里斯坦和伊索尔德》第二幕的谱曲。他把这出哲理最深奥、心理分析最细腻的歌剧，加上了音乐与动人的场景，使《特里斯坦和伊索尔德》成为容易演绎的歌剧。即使是没有任何音乐修养的人，不懂它深妙的诗意，也能欣赏。

1859年8月，《特里斯坦和伊索尔德》终于全部完成。《特里斯坦和伊索尔德》的剧情是特里斯坦自幼丧失了父母，他在康沃尔国王、自己的叔叔马可的宫中被抚养成人。爱尔兰的武士莫罗尔德有一次被遣来征收贡赋，特里斯坦与他比武，把他杀了。先前莫罗尔德曾与爱尔兰王的女儿——他的表妹伊索尔德订有婚约。特里斯坦在比武的时候受了致命的重伤，特地隐名改姓来求治于伊索尔德，因为她有家传的妙方。后来伊索尔德发觉了自己看护的是杀死自己未婚夫的凶手，她却饶恕了他，而且很小心地照料他，因为她已深深地爱上他，同时特里斯坦也慢慢地爱上了她。他们虽然私自相爱，但总觉得他们的爱不能如愿以偿。特里斯坦回康沃尔不久，就受叔叔遣派来到爱尔兰，请求把伊索尔德嫁给康沃尔国王即自己的叔叔为后。

歌剧的开始是在特里斯坦载伊索尔德回康沃尔的船上。伊索尔德觉得自己爱特里斯坦甚深，而终不能如愿，内心苦闷，决定服毒药以根除无边的痛苦。至于特里斯坦呢，感觉自己所爱的女子不久就要与另外一个人结婚了，也极愿与她分服毒药，了此一生。但伊索尔德的侍女布兰甘妮以迷药代替了毒药，于是使他们的私恋化为不可抑遏的热情。到达康沃尔不久，他们在宫中花园里幽会，被国王与他的侍从发现了。特里斯坦被国王的一个武士刺伤，受伤极重。特里斯坦的老侍从库汶那尔把他带回他的老家卡柳。伊索尔德也随后追上去，等她赶到时，刚好来得及把他抱在怀里，看着他死去；她昏倒在他的尸体上，两人沉入了永恒的爱与死亡之中。

凡对歌剧加以研究的人，都承认《特里斯坦和伊索尔德》是用爱情故事编成的乐剧中最伟大的一部。它实在是一个充溢着悲剧的热情、以死为结束、在不朽的音乐的汹涌悸动里展开的故事。

屡遭失败

《特里斯坦和伊索尔德》完成了，瓦格纳似乎没找到下一个目标，也不知道该往哪个地方去。德国回不去，奥地利也被禁止居住了，苏黎世他觉得受不了，又不愿意到伦敦去。瓦格纳他一生中最大的渴求是"听一场好的交响乐团演奏的第一流的四部合唱"，以及再找一家剧院演出《特里斯坦和伊索尔德》，使他的音乐为更多的观众所注意。思索再三，他最后决定再度大举进军巴黎。事实上，他也别无选择了，只好到巴黎去。

1859 年 9 月，瓦格纳前往巴黎，途中在韦森冬克家待了数日，以 6000 法郎的价格把《尼伯龙根的指环》的版权卖给了奥托。瓦格纳抵达了巴黎，在香榭丽舍附近找地方栖身，最后在靠近埃脱埃的牛顿街 16 号租了栋小屋。

在巴黎，瓦格纳想要演出《特里斯坦和伊索尔德》仍然很难，他无法说动一些重要人物，使他们感兴趣，不久他就灰心了。剧院经理卡尔沃原先兴致勃勃地想上演《唐怀瑟》，两人会面时，瓦格纳忘我地弹奏第二幕里的终曲，却把卡尔沃给吓跑了。当时，瓦格纳身穿蓝短外套，头戴黄色无边帽，他在客厅中的一架钢琴上面弹起了《唐怀瑟》中的片段。瓦格纳边弹奏边扯着喉咙大呼小叫，"这还不说，他唱的是德文，还有他的眼睛，那是疯人的眼睛，我不敢惹他，他真把我给吓坏了！"卡尔沃心惊胆战地说。

瓦格纳的第二个想法，是在巴黎建一座德国剧院，在那儿他所有的歌剧，包括《特里斯坦和伊索尔德》，都可以有上演的机会，可惜人们对他的艺术少有了解，因而没能如愿。他终于明白，要实现自己的理想，需要靠有影响力的人士协助，因此，他便在家中大宴宾客。这样的晚会倒是十分成功，从事各种职业的人都被邀请，足以反映出瓦格纳多方面的兴趣：有诗人、艺术家、音乐家、作家、学者和政治家。瓦格纳很善于应付这些人，宾客们不论贵贱，眼里看的耳里听的，全是出自他一个人的表演。

1860 年，事情渐渐有了转机，法国的"瓦格纳派"逐渐成形。其中一个是海军军医奥古斯都·德·盖士培里尼。他对瓦格纳音乐有着深刻的了解，并留下了些当时的记载。据他说，瓦格纳看上去很年轻，初见面时他显得冷漠、保守、严厉，交谈以后慢慢就热情起来，脸上也绽放出智慧的光芒，这正是他从他的音乐里所了解的那个人。他的五官显现出不屈不挠的意志，这种性格表现在他宽阔的额角、坚定的下巴、紧抿的嘴唇和瘦削的双颊里。"我认识了这位天生的戏剧家与不眠不休的探索者，他在人类灵魂的最深处从事探索。"有时，他又从瓦格纳变幻的表情中，见到受到极度折磨的特里斯坦，或是叔本华的信徒。话题若是转到将来的计划上，瓦格纳又显得年轻活泼起来，与先前的深思沉静判若两人。瓦格纳从未染上矫揉造作的气息，也从来都学不会优雅的举止，至死为止，他一直就是那口浓浊的萨克森口音。

画师与雕刻家弗洛里曾撰有一篇短文赞美瓦格纳的歌剧，深得瓦格纳的心。弗洛里写道："我想不出还有任何人，能比得上理查德·瓦格纳所遭遇的苦难；可是在他作品中却找不出丝毫这样的痕迹。"瓦格纳自己也说，他的艺术是纯净的、不染尘埃的。

瓦格纳在意大利剧院（法国的一家剧院）演出三场音乐

会后，瓦格纳派在法国便逐渐活跃起来，这家剧院就是从前拒演《禁恋》的剧院。1861年3月，歌剧院演出《唐怀瑟》后，瓦格纳更是声名大噪。有位大公和一家剧院的经理表示愿意上演《特里斯坦和伊索尔德》，结果却食言了。瓦格纳于是决定租用意大利剧院，来使巴黎人认识他的新作。他写信给玛蒂尔德，告诉她自己对《特里斯坦和伊索尔德》的看法："……我的艺术最好、最有深度之处……是转接的艺术……我艺术的全部精华就在这样的转接当中……在这精微、渐进的转接艺术里，我最得力之作，是《特里斯坦和伊索尔德》第二幕中的大场景。"

曼茨的薛特音乐出版公司答应以一万法郎的价钱，购买瓦格纳的《莱茵的黄金》。由于此剧刚卖给韦森冬克不久，必须获得他的同意才行，韦森冬克毫不迟疑地答应了。

瓦格纳在意大利剧院的音乐会十分成功，在1500名听众面前，他的指挥没用曲谱，听众数度在音乐演奏间爆出掌声。首演的晚上，瓦格纳没有邀请任何批评家。第二场和第三场，听众较少，却吸引了一些知名的新爱慕者，如巴德雷，他匿名写信给瓦格纳说："你带领我回到了自我。"

瓦格纳三场音乐会下来，亏损了1.1万法郎，因此不得不取消《特里斯坦和伊索尔德》的演出计划，现在他连是否能租得起牛顿街那舒适的家都成了问题。他前往布鲁塞尔再去指挥演出三场音乐会，期望能弥补亏损。首两场演出很成功，依照合约，他可以得半数的收入，可是他发现其中有一条载明，他需负责有关音乐方面的花费，这样他就一分钱也没剩下了，于是他取消了第三场音乐会回到巴黎。

回到巴黎后，尼瑟罗德伯爵夫人玛丽·卡列姬为瓦格纳解决了经济的困窘。玛丽是李斯特和肖邦的学生。瓦格纳说，他一直觉得，自己的期望一定都不会落空的。他的敌人因此抓住这个话柄，批评他自大而不知感恩。事实上，他对人们的关注，不论是实质上的或是精神上的，一向极为感激，即使是以一个有教养的绅士的标准来衡量，他都算是很有良心的，常为一点小恩惠而一再感谢人家，并不计较对方的社会地位是如何低微。有些债务他一直拖欠着，这是因为他知道自己那帮艺术朋友，像普西尼利、韦森冬克以及许多其他的人，并未真正期望他会还钱，他们希望所得的报偿，是瓦格纳艺术理想的最终胜利。

为了对玛丽·卡列姬表示谢意，瓦格纳特别为她演出了《特里斯坦和伊索尔德》的第二幕，自己饰特里斯坦，著名歌唱家宝琳·维阿朵·加西亚演伊索尔德，另外再自费由伦敦招来卡尔·柯林华为钢琴伴奏，在座的唯一的外人是柏辽兹。瓦格纳说，卡列姬"一直不作声"，而柏辽兹也只称赞他演出"卖力"。卡列姬后来告诉女儿，《特里斯坦和伊索尔德》"真是令人听不懂，它是抽象的概念，很使人想去探究一番……作为一个戏剧作品，到处都会受到观众的排斥的"。

1860年3月，法国皇帝下令在歌剧院演出《唐怀瑟》。促成《唐怀瑟》演出的人有奥地利驻法国大使的夫人宝琳娜·梅特涅公主和彪罗。彪罗由柏林到巴黎，带着普鲁士公主的介绍信给普鲁士驻法大使，请他运用他的影响力，让《唐怀瑟》得以在歌剧院演出，他要大使将请求的细节写成报告。

回到巴黎后，瓦格纳便积极准备演出《唐怀瑟》。这时，令瓦格纳烦恼的事又发生了。为了整建巴黎市，他居住的牛顿街在计划中必须拆除，瓦格纳不知情，他预付了三年的租金，有天回家，却发现街道已经被封住了，要想步行回家都不成，多付的两年租金就这么泡汤了。他在歌剧院附近，另找了一处简陋的房子，这条街阴暗嘈杂，他的新居是拥挤的二楼公寓。

歌剧院的条款规定，外国作曲家的歌剧必须以法文演出，同时作曲家不论是否为法国人，一律不得指挥自己的作品。因此，瓦格纳请了一位海关官员，年轻的艾德蒙·罗希，来帮他把作品翻成法文。艾德蒙不懂德文，瓦格纳只好又找了一个德国人鲁道夫来帮忙，鲁道夫又只懂一点法文。最后，瓦格纳要不断地对艾德蒙做手势，并不时朝着艾德蒙喊道："是！是！"就这样，两人辛辛苦苦地琢磨出了译文。

译成法文后，不料歌剧院的经理又说得押韵才行，于是又请来歌剧院管档案的查尔斯·贺韦，将它写成韵文。瓦格纳希望巴黎的观众在看演出前对《唐怀瑟》的剧情有所了解，而且他不喜欢人家把他归类成理论家，因此请查尔斯的巴黎朋友保罗把《漂泊的荷兰人》《唐怀瑟》《罗恩格林》以及《特里斯坦和伊索尔德》译成散文式法文。他写了一篇很长的前言，说贝多芬的交响曲，为歌剧开创了可能的新方向，他正尝试把它运用在自己的剧诗里。他说《唐怀瑟》的诗，经由这种新交响曲精微细密的旋律，生动而真实地表达出它在戏剧、诗歌和心理学方面的内涵。这时，小提琴家约瑟夫及一些人共同签署了一项抗议，反对"新德国人"瓦格纳和李斯特的"将来的音乐"。

法皇下令一切遵照瓦格纳的意思去办，为使《唐怀瑟》的演出达成艺术与音乐方面的完美，一切花费在所不惜。这是瓦格纳一生当中，第一次能随心所欲地支配世界一流剧院里的一切：高水准的交响乐团、最好的合唱团教练、舞台经理、舞蹈家、布景画家、化妆师等，然而瓦格纳却不如想象中的开怀。诚然，和剧院的接触一向使他生龙活虎，他坚定的意志，常常鞭策着许多人跟着忙上忙下，但在表面的活力下，他却显得郁闷而忧思。在狭小的公寓里，他训练歌手们，并写了长而富含哲理与悲剧意念的信给玛蒂尔德，谈到《特里斯坦和伊索尔德》、叔本华、对白昼的幻想与黑夜的救赎。瓦格纳身上既无钱，身体又差，来巴黎是期望上演《特里斯坦和伊索尔德》，现在演出的却是 15 年前的《唐怀瑟》，这只能算是退而求其次了。

歌剧院有个不成文的规定，每出歌剧的第二幕里必须有芭蕾舞演出。"骑士俱乐部"中的王孙贵族们，一向视这个为他们的特权，没有哪一个导演或作曲家敢违背。这些贵族们，习惯在晚上 10 点钟才姗姗来迟，错过第一幕。瓦格纳先是拒绝了，后来却又不得不妥协，答应改写第一幕中维纳斯堡的那一场。法国新闻界和骑士俱乐部所持的政治动机，强过对艺术的体谅。他们不喜欢瓦格纳，因为他是革命分子，又是法国敌人的朋友，他们也不高兴他对宫廷所产生的影响力，因此不管在第一幕或第二幕里是不是有芭蕾舞，他们都是抱着对瓦格纳仇恨的态度来的。

早先瓦格纳已经觉得，他对《唐怀瑟》中男主人公灵魂里感官与精神的矛盾，未能淋漓尽致地表达，现在《特里斯坦和伊索尔德》的音乐成就使他又感觉到一股新的创作动力，他觉得自己已有足够的技巧，来写出热烈、放荡、喧闹的音乐，并借助舞蹈来表现这样的音乐。

1860 年 7 月 22 日，萨克森大使通知他说，他可以自由进出德国了。瓦格纳向往已久的赦免终于如愿，他再次越渡莱茵河进入德国，这次却没有像 1842 年那样泪洒莱茵。"唉！再次踏上德国国土，我竟是一点感觉也没有。天啊！我一定是变成冷血动物了！"他写信给李斯特时这么说："……我若是真正的'德国人'，我的德国是在我体内。"

返回巴黎后，瓦格纳完成了《唐怀瑟》"维纳斯堡大酒宴"那一场曲谱的改写，他对之前的曲子一直不太满意。瓦格纳的健康状况恶化了，医生给他开了个饮食疗法，早上吃牛排，晚上喝一杯巴伐利亚啤酒。他又大病了一场，患的是伤寒和脑膜炎，神志不清、眼睛半盲，眼前全是些奇怪的幻象，甚至有谣言说他快死了。

1861 年 3 月在巴黎演出《唐怀瑟》，演员和乐队始终发挥不出好的水平。第三场演出，瓦格纳没有出席。演出结束后，朋友们在清晨 2 点钟，发现他和明娜在一起，没有旁人，他安静地抽着烟斗、喝着茶，他的手颤抖着。《唐怀瑟》的演出无疑是失败了，许多人都嘲笑起促成它演出的宝琳娜·梅特涅公主。她当时很气愤地预言说，20 年后巴黎一定会欣赏瓦格纳，她果然没错。瓦格纳过世后，巴黎完全成了瓦格纳的天下，人们称他是神，说他在法国的艺术生命里，是一股强大的力量。在法国演出《唐怀瑟》后，德国的音乐界才开始认真地把他视为代表德国的作曲家。

1861 年到 1864 年的三年里，瓦格纳迁徙漂泊，居无定所，备尝艰辛与焦虑。他主要的职业，可以说只是为了赚钱，不管以什么方式订约，也不管什么尊严。这一时期有两件重要的事情：一是瓦格纳与明娜分开了；二是为《纽伦堡的名歌手》谱曲。这是一部安宁平和的歌剧，也是显示出他的脑海中有种精密自我控制能力的极佳例子，当他的意识再也承受不住愁苦的重担时，便会自动转向音乐创作的快乐内在世界。

1861 年 4 月，瓦格纳前往维也纳，因为有人表示有兴趣在卡尔斯鲁厄上演《特里斯坦和伊索尔德》，瓦格纳前去维也纳物色主唱的人选。在那儿他首次听到《罗恩格林》的排演，他觉得男高音阿洛伊斯·安德和女高音露易丝·梅尔杜丝曼正是他所要找的人，可以分饰特里斯坦和伊索尔德，但剧院经理不准他们离去，却建议瓦格纳在维也纳演出。瓦格纳一面沉思这个让他怦然心动的意见，一面步下剧院台阶，迎面遇上了有"威仪的绅士"之称的约瑟夫·史丹哈纳，他是伊丽莎白皇后的御医，也是瓦格纳的仰慕者，以后更成了瓦格纳最信赖的朋友之一。

《罗恩格林》公演时，瓦格纳去看了一场，作品受到观众热烈的喝彩。在维也纳逗留期间，有两个朋友陪着他，一是《巴格达的理发师》的作曲者弗朗索瓦以及一位音乐爱好者彼得·柯内利。两人都劝他在维也纳展开《特里斯坦和伊索尔德》的排演，瓦格纳最后便推拒了在卡尔斯鲁厄演出的计划。回到法国，他处理了多玛尔街的公寓，明娜到巴德索丹去治病，他则去和普鲁士驻法大使蒲塔利伯爵同住。

瓦格纳住处的房间，面对着一座花园，远处可见到皇宫，池里有一对黑天鹅，给他一种梦样的满足。他在这里找到了灵感，为大使夫人谱了一曲降A大调的《相册的一页》，同时又为梅特涅公主另谱了一曲C大调的曲子，这里面有《纽伦堡的名歌手》旋律的影子。

梦想成真的音乐家

负债累累

　　1861年8月，瓦格纳参加了在魏玛举行的音乐家学会会议，他之所以来完全是为了李斯特。接着瓦格纳到维也纳去，途经巴德莱瑟纳，再次遇到了柯西玛。瓦格纳发现她的健康和情绪都较从前好。

　　瓦格纳到维也纳后，觉得似乎人人都抛弃了他。史丹哈纳一家要去度假，因此让他在家里借住六星期，留下侄女莎拉芬照顾他的起居。

　　《特里斯坦和伊索尔德》的排演，现在进入了紧张的阶段，这回可没有有力的恩主来协助了。排练了72场后，却又草草地收场。这次的惨败与艺术无关，坏就坏在瓦格纳为了躲债，再次逃亡苏黎世，而男高音安德又倒了嗓子，排练不得不往后延期。安德对自己饰演的角色心怀畏惧，他听信批评家的说法，认为《特里斯坦和伊索尔德》是"不能唱的"，瓦格纳会毁了所有最好的歌手的嗓子。然而往后的20年里，却证明了完全相反的事实，在瓦格纳的鼓励和坚定意志力的引导下，歌手们唱出了前所未有的潜力，他塑造了新形态的歌手。

1861 年 8 月，正在瓦格纳焦头烂额的时候，韦森冬克夫妇忽然来了封邀请函，请他在 11 月间，到威尼斯和他们会合。经过舟车转折，瓦格纳终于到威尼斯，使他怅然若失的是，他看到韦森冬克夫妇安逸恬适，享不尽画眉之乐。他们对瓦格纳在维也纳的困境，似乎毫不关心了。玛蒂尔德现在对他而言，"仅能"止于朋友。她拥有瓦格纳在 1845 年时所写的《纽伦堡的名歌手》原稿。有人说就是在威尼斯，她鼓励他重拾这个题材，以排遣怀才不遇的心境。奥托又领他去艺术馆，在那儿他看到了提香绘的《圣母升天图》，极为感动，当下就决心重写《纽伦堡的名歌手》。

瓦格纳在威尼斯住了几天后，就向韦森冬克夫妇告别了。他乘长途火车回到维也纳，花了一天两夜的工夫，就在这点时间里，他谱出了《纽伦堡的名歌手》C 大调序曲的主要部分。回到维也纳，五天内，瓦格纳分别写了两种散文草稿，就是后世所知的草稿 B 和草稿 C，两者与 1845 年的草稿 A，在许多重要的部分都不同。

瓦格纳需要有个舒适安静的地方来写诗作曲。现在梅特涅一家也在维也纳，他们建议他住进奥地利驻法国使馆去，那儿有优雅的亭园，正是理想的住所。瓦格纳离开维也纳前往巴黎，途中停于曼茨，与弗朗兹商议《纽伦堡的名歌手》的酬劳问题，他们订了合约，预付一万法郎。

梅特涅家因母丧，收回了对瓦格纳的邀请，结果《纽伦堡的名歌手》的剧本，不是完成于奥地利驻法使馆内，而是在塞纳河边脏乱的小旅馆三楼上的一个小房间里。《纽伦堡的名歌手》的诗整整花了瓦格纳30天的时间。从旅馆房间里举目而望，可以看见窗外拥挤的人潮，在码头边、桥梁上来来往往、上上下下，并可远眺卢浮宫。瓦格纳总是随着剧情的起伏，时而欢笑，时而潸然落泪、掷笔沉思。

瓦格纳过着与世隔绝的生活。一天，他在漫步时，脑海里突然有了第三幕里人们欢迎萨克斯的合唱音乐。现在瓦格纳需要更舒适而清静的地方来写《纽伦堡的名歌手》的音乐，可是朋友们都对他失去了信心，不肯接纳他。因此，他离开巴黎前往曼茨，希望在那里找个清静地方，并就近接受薛特的经济援助。

瓦格纳在曼茨和威斯巴登之间，选择了莱茵河边的毕伯利希，作为谱写《纽伦堡的名歌手》音乐的地方，他租了一所别墅里的几个房间，那里可以看见美丽的莱茵河。瓦格纳正要安下心来工作，明娜却突然从德累斯顿来了，说是要帮他安顿一切，结果是他们大吵大闹。10天后，明娜又回德累斯顿去了。对瓦格纳而言，这是"十天的地狱生活"。

1862年夏天，彪罗夫妇在毕伯利希瓦格纳的住处，做了两个月的客人。瓦格纳和柯西玛的关系有了明确的改变。她不再像过去那般羞怯，不过她依然十分沉默，她的思想和感觉也仍然让人觉得莫测高深。瓦格纳以自己的方式唱起《女武神》第二幕里华坦的告别时，她的表情一如从前，只是"狂喜的神情化成了一些更高洁、更宁静的东西"。

这时候，和瓦格纳聚首的，除彪罗夫妇外尚有一些其他的朋友，而最不快乐的却数彪罗。在瓦格纳面前，彪罗自觉在音乐方面矮他一截，他明了自己永远成不了作曲家。柯西玛对自己的丈夫原本充满了希望，她甚至还为他写好了歌剧脚本。彪罗对自己失去了信心，柯西玛也对他失去了信心，她现在把眼光放在更好的人上面了。

瓦格纳前往罗汶堡途中，曾在柏林稍事停留，正好彪罗准备开钢琴演奏会，他便和柯西玛一同驾车兜风。这次，他说："我们的彼此戏谑，渐渐成了沉默；我们无言地彼此望进对方的眼睛里，和着眼泪我们轻轻地饮泣，相互倾诉，相互约许。"这是他和柯西玛关系的转折点。

瓦格纳此时几乎失去了金钱的来源，《纽伦堡的名歌手》的工作不得不停顿了下来。瓦格纳的情况糟糕极了，之后的18个月里，他几乎一点创作也没有。瓦格纳疯狂地到处举行演奏会，足迹遍及法兰克福、维也纳、布拉格、圣彼得堡、莫斯科、布达佩斯、卡尔斯鲁厄、布雷斯劳等地，唯一叫他觉着痛快的，是能够听到自己音乐的演出，听众也因此得以欣赏到他一些最近作品中的片段，那是还没在歌剧中演出过的。在各地，莱比锡和柏林除外，瓦格纳作品演出的结果，几乎是千篇一律地引起了观众的狂热与乐评家的恶评。

离开莱比锡后，瓦格纳便到德累斯顿去，这还是自流亡后第一次回去。他发现好些旧日剧院里的同事，不是去世便是退休了。他住在明娜那里，见到了一些老朋友。明娜的公寓，还像她惯常那样布置得雅致舒适。在德累斯顿停留了三天，瓦格纳即行离去，他与明娜从此再未谋面，在火车站里再会时，她便预见结果会是如此。1866年1月，明娜被人发现口吐白沫死在床上，死前她一直写些歇斯底里的信给瓦格纳，称他是"疯狂的野兽"，自己则是可怜无助的女人。

布拉格的音乐会帮瓦格纳赚了一笔钱。他接着又去圣彼得堡和莫斯科，演出的作品几乎都是一定的：《漂泊的荷兰人》序曲与水手们的合唱曲；《唐怀瑟》序曲，第三幕中华富兰·冯·艾斯申巴克的赞美诗，以及第二幕的进行曲；《罗恩格林》前奏曲；《尼伯龙根的指环》中的片段等。他在俄国的音乐会大大地成功了，他说："……我从不知俄国情况会这么热烈，那三四千的群众，几乎是想把我吞下……"在圣彼得堡，他认识了沙皇亚历山大二世跟前的一个位高权重的大公夫人海伦娜·巴夫罗娜，瓦格纳原指望她能协助达成自己的理想，结果她只给了一些钱帮他弥补另一次慈善义演的亏空。

1863年，瓦格纳搬到维也纳城外，两个月之内就把辛苦赚来的俄国卢布花得精光，他又开始到处借贷。他说："我必须花点钱，把我长久以来所希望的庇护所弄得安适舒服些，好让我可以休息和工作。"他请了一对夫妇——弗朗兹·马拉契和安娜帮他管家，他们后来在慕尼黑时也为他工作，另外，他还请了个女仆。至于其他的钱，则一股脑儿地全花在长外衣、丝缎、天鹅绒、地毯、坐垫、厚绒沙发和花边上。一个制衣帽者和两个制造垫子、布置帷帘、垂饰、装铺地毯的商人日夜赶工，依照他细微而又经常改变的指示，完成他所要求的工作。那个衣帽商对书房的描述是："墙壁上装饰着丝质的花朵；从天花板上垂下一盏漂亮的吊灯，发出柔和的光芒；地板上覆盖着非常厚的地毯，软到你的脚都会陷下去；家具是一张小沙发，几张扶手椅和一张桌子，全都覆着最昂贵的毯子和坐垫……"

瓦格纳还需要全套的新行头，才配得上自己的新家。因此，除了 24 件各种颜色的长外衣以外，还定制了许多件丝缎长裤，配上短外衣和衬以兽毛的拖鞋。至于其余的房间，也同样仔细地加以布置，卧室主要用红色厚绒布布置，蓝色丝绸的窗帘，白被套上缀着紫蓝色的饰球；书房里有紫蓝色丝绸和丝绒椅垫的椅子。

1863 年 5 月 22 日，瓦格纳度过了自己的"半百寿辰"。他深感孤独，当天来访的客人就只有一人。几天之后，一些学生和好些合唱团团员举行火炬游行，向他表示敬意，他觉得自己仍然受到维也纳人民的喜爱，因此信心倍增，再加上朋友弗朗索瓦、柯内利等人的鼓励，他的心情好起来。他准备完成《纽伦堡的名歌手》第一幕第一景的谱曲。

由于债务的关系，他不得不再作另一回合的音乐会演出，到了年底，他的音乐会已经在布达佩斯举行了三场、布拉格两场、卡尔斯鲁厄两场、西里西亚的罗汶堡一场、布雷斯劳一场以及维也纳一场。精疲力竭地工作了五周，收入却很差，现在瓦格纳真是无隔夜之粮了。在罗汶堡，王子赐给他一大笔钱，他立刻就用来还债和寄给明娜。

1863 年底，瓦格纳在家中举行圣诞晚宴，请了一些朋友，如柯内利、弗朗索瓦等人，"他们每人，我都送了份合宜的小东西。"据柯内利的描述，这些小东西是"很好很厚的大衣、一件精致的灰色长外衣、一条红围巾、一个蓝香烟匣和打火机，几条好看的丝质手帕、漂亮的金色衬衫领扣、精致的笔镌刻着金色的题词、几条精美的领带以及刻着他姓名简写字母的雪茄烟嘴……"

1864 年，瓦格纳的债务已经堆积如山。两星期后，他离开维也纳，逃奔苏黎世，路上曾在慕尼黑停留，全城正为国王驾崩而哀悼，瓦格纳看到商店橱窗里年轻的国王路德维希二世的肖像"年轻而俊美"。到了苏黎世，韦森冬克夫妇直截了当地拒绝收容他，他只好借住于爱莉莎·韦勒的家里。他给柯内利写信说："我的情况很惨！"

深受皇恩

1864 年 3 月 10 日，年仅 18 岁的路德维希二世继承马克西米连二世的王位成为巴伐利亚国王。路德维希坐上王位后，最重要的事情之一就是找到内阁机要秘书弗朗兹·西拉·冯·匹夫特迈斯特，命令他不管用任何办法，也要找到瓦格纳。路德维希是瓦格纳歌剧忠诚甚至是疯狂的爱好者。

匹夫特迈斯特费了好一番工夫才找到瓦格纳。因为瓦格纳已经欠下巨大的债款，他得不停地几天换一个住处，以防要债的人找上门来。5月3日，早上10点钟，匹夫特迈斯特拜访了正在斯图加特（德国西南部一城市）避债的瓦格纳。他在前一天便已经在附近打转了，瓦格纳还以为他是锲而不舍的维也纳债主，不肯见他。失眠了一夜以后，早上他壮起胆子，准备迎接最坏的事情的来临。结果，这个陌生人呈给他一帧国王的照片，并附上口信说，国王是他热烈的爱慕者，希望能为他解除物质上的一切顾虑，同时很盼望能跟他见上一面。

匹夫特迈斯特建议他当晚就起身前往慕尼黑。瓦格纳当下便写了封信给国王，开始了他与国王之间为时近20年，大约600封的书信往来。

　　敬爱仁慈的吾主陛下：

　　　　谨呈上我的眼泪与至诚，告诉您诗章的奇迹，如天命的事实，已进入我贫鄙无爱的生命；而此生、此诗与此音乐，现在都属于您，我仁慈年轻的国王，请您支使它一如您自己的财产。

　　　　您的惊喜莫名、忠心而真诚的子民理查德·瓦格纳路德维希生于 1845 年 8 月 25 日，正是瓦格纳完成《罗恩格林》和《纽伦堡的名歌手》散文草稿几天以后，也是《唐怀瑟》在德累斯顿首演前几个月。路德维希快乐的童年是在天鹅堡度过的，那是位于巴伐利亚阿尔卑斯山的边缘上古老、低矮、形式简单的城堡。

　　路德维希从小是在严厉、无情的教育方式下长大的。他的父亲马克西米连，举止拘谨严肃，处事规律严格，母亲则娇弱而神经质。1861 年，在路德维希的极力请求下，国王马克西米连下令在霍夫剧院演出《罗恩格林》。路德维希为这部歌剧深深着迷。

　　年仅 53 岁的马克西米连突然去世，18 岁的路德维希二世于是即位为王。父亲在位时，不准许他拥有过多的自由。现在他成为德意志南方最富有、最重要的一邦的国王，拥有极大的个人权势与自由，可以去从事自己想象中的一切，只是对于身负的政务重责，他却没有半点经验。他喜爱阿尔卑斯山区，因为那里的湖泊和森林幽美僻静；他讨厌女人们的喋喋不休；教士、政客、军人、政府官员与王朝的典礼仪节，对他一无用处；上剧院里去时，他宁可做唯一的观众，而不愿让人民死瞪着他看。他的臣子们都害怕他有一天会发疯。

　　路德维希敬仰瓦格纳，并下定决心，要使瓦格纳的作品能确切合宜地演出，他的戏剧理想，就印证在瓦格纳的作品里。他与瓦格纳都相信，剧院扮演着重要的角色，是文化的中心所在，而非只是无益的消遣地方而已。他写信给瓦格纳说："我的意思是要演出一些像莎士比亚那样严谨而重要的作品,引导慕尼黑的观众,进入更崇高、更深思的情绪中……以准备迎接你的天才奇迹。"

5月4日,路德维希和瓦格纳终于在慕尼黑的王宫会面了。路德维希紧张地等候着瓦格纳的到来,事后他写信给未婚妻苏菲说："他俯身吻我的手……久久保持着那个姿势而不发一语。我弯身向他,把他紧紧拥在胸前,觉得自己在起誓,要终生对他忠实。"

瓦格纳也写信给爱莉莎·韦勒,表达对路德维希的赞美:"他是这样地美好又充满灵性,这样深情、诚挚,我不禁颤抖着,恐怕他的生命,会像在这个凡鄙的尘世里天降的美梦一般,稍纵即逝。他以初爱的热烈和激情来爱我……他像我自己的灵魂一般了解我。"

国王和大作曲家开始进行一切活动之前,瓦格纳有些紧急的债务得先行解决。他拿着路德维希赐给他的4000金币前往维也纳,这是国王为了要解除瓦格纳日常生活里的顾虑而实践的第一次行动。一个月之后,国王又给了他一大笔钱让他把余债还清,并赎回了一些他心爱的家具。路德维希为他租下了史坦堡教区的碧蕾别庄,离他在柏格的小城堡只有15分钟的车程。

路德维希每天派马车来,接瓦格纳上柏格去,两人能孜孜不倦地谈论数小时,路德维希对瓦格纳的作品了如指掌,把所有的诗句都默记在心。他付给瓦格纳年薪两万塔勒(货币单位），瓦格纳的工作就是做他自己。

5月底，瓦格纳呈给国王一份计划书，载明自己的写作计划和时间。每次去柏格后，再回到自己没有爱情的单身别墅里，他就越发地感到寂寞凄清，他不断地写信给各地的朋友，告知他们自己交了好运："他是上天派来给我的——我是因他而存在、而创作……"

1864年6月29日，在瓦格纳的邀请下，柯西玛带着两个孩子出现在碧蕾别庄；过了一星期，彪罗也抵达了。彪罗的情况非常糟糕，他不仅生活艰难，还患上了严重的精神损伤类疾病。瓦格纳和柯西玛已经下定了决心在一起。1865年4月，柯西玛与瓦格纳的第一个孩子伊索尔德·约瑟夫·露朵薇加出世了。

从这时起，柯西玛便对瓦格纳加紧控制。她对他波涛汹涌的才能佩服得五体投地。她知道自己在他的艺术使命里占着一席重要的地位。柯西玛此时26岁，从出生迄今，生活就很不容易，也不曾快乐过。她的生母玛丽·达格尔和李斯特私奔后生下她。玛丽与李斯特分手以后，根据法国的法律，她无权监管子女，李斯特便不让她同他们住在一起。柯西玛曾接受音乐、仪态和其他方面的严格训练。

瓦格纳在巴黎初遇柯西玛时，她长得高挑清瘦，面色蜡黄，鼻子很长，有一头漂亮的金发，加上深沉响亮的声音。她给人的印象是终日渴盼着一段轰轰烈烈的爱情，同时相当地自负和虚荣。柯西玛后来和妹妹搬到柏林去，由她们的钢琴老师汉斯·冯·彪罗的母亲照料;两年后,她便嫁给了彪罗,双方都很满意。她有了合法的婚姻,不再处于私生女的耻辱中;彪罗则成了老师李斯特的乘龙快婿。

打从一开始,彪罗便深信自己对柯西玛一无价值,结婚前夕还告诉李斯特,"倘若她觉得上了我的当",他可以"还她自由"。瓦格纳只要对彪罗的曲谱瞄上那么一眼,就叫他感到自己全无是处。

路德维希从拜德季辛根回来后,瓦格纳便呈给他一篇行文优美的散文《论国家与宗教》,这是一篇意境高卓、论述事物的抽象性质内涵的论文,倡议教堂和国家之间一切不和谐之处,应在国王的灵魂里得到调和。他谱了《忠诚进行曲》,准备在国王 19 岁生日那天献给他,却因为路德维希母亲的反对而没有演奏成。

9 月,瓦格纳搬进了伯利纳史特拉琴街 21 号,这是慷慨的国王所提供的。尼伯龙根的时代就要开始。瓦格纳将《尼伯龙根的指环》版权售给路德维希二世,价格是 3 万弗罗林。1864 年开始,瓦格纳便从国王那里得到了大量礼物、酬劳和其他的帮助;至于瓦格纳给国王的回报,则是《仙女》《禁恋》《黎恩济》《莱茵的黄金》《女武神》《纽伦堡的名歌手》与《忠诚进行曲》的曲谱,《漂泊的荷兰人》《齐格弗里德》第三幕的管弦乐草谱,《诸神的黄昏》第一幕、第二幕的复本,与《齐格弗里德》的手稿。

1864 年底,国王任命保守的路德维希·冯·得·普霍腾为首相。普霍腾是莱比锡的罗马法教授，之前曾由萨克森国王腓特烈·奥古斯特二世任命为教育部部长，当年瓦格纳组织德国国家剧院的计划，就是呈给他的。普霍腾不喜欢瓦格纳，也厌恶他的行为。现在，瓦格纳在慕尼黑对国王有很大的影响。

反观瓦格纳的行为，他奢侈、喜爱大发议论、计划建剧院和一所新的音乐学院……这些使普霍腾难以忍受。普霍腾打定主意在最短的时间里，要把这个难缠的、思想有毒的人赶出巴伐利亚去。瓦格纳的一举一动，不管是好的还是坏的，明智抑或愚蠢，全都遭到恶意的曲解和批评。

新闻界也开始对瓦格纳大肆报道，说他花费巨额的金钱在地毯上，他的朋友都自大狂妄——他们认为巴伐利亚蠢笨，慕尼黑的音乐原始而野蛮。瓦格纳写了篇威严的答辩，最后说："我该离开，还是该留下？我若离去，便要到遥远的地方去，再不回德国……"慌得路德维希即刻批复说："留下，请留下，一切都会像过去一样美好的。"

1865 年 5 月 15 日，《特里斯坦和伊索尔德》首演，这部剧作 6 年前已经完成，在维也纳排演了 72 场后，却被宣告不得上演，现在终于可以搬上舞台了。瓦格纳向萨克森国王借来无与伦比的男高音路德维希·席诺·冯·卡罗斯夫，并帮他向德累斯顿请了三个月的假，专心准备上演《特里斯坦和伊索尔德》。彪罗担任指挥，上演的地点在大霍夫剧院，那儿可以容纳 2000 人。瓦格纳的意思是只演四五场，当做新瓦格纳形态的乐剧模范，要把它视为"艺术季"大展，而瓦格纳亦将邀请"远近爱好他艺术的朋友前来"。

由于发生了一些事，首演的日期延迟到 6 月 10 日。等待的期间里，瓦格纳忙着款待由伦敦、巴黎、维也纳、柯尼斯堡等地赶来的朋友，劝他们等到看过首演再走。李斯特、韦森冬克和韦勒等人竟然留在家里，不来参加他一生中"最光辉荣耀的高潮"时刻，令他感到难过极了。

首演夜来了，大霍夫剧院被挤得水泄不通。国王穿着便服，单独坐在堆金砌玉的皇家包厢里。他对欢呼的臣民视若无睹，只是望向舞台，欣喜地等候着，他深蓝色的眼睛闪着柔和的光芒，整个人焕发出至纯的热诚。席诺·冯·卡罗斯夫饰唱特里斯坦，唱出了前所未有的水准和境界，他精湛的演出、美好的头部和披下的棕色鬈发，弥补了身躯的肥胖，他证明了特里斯坦是可唱可演的。饰唱伊索尔德的则是席诺的妻子玛维娜。

理查德·施特劳斯曾说，这夜的情况代表了一千年来戏剧历史的累积，是全音阶霸权的结束，近代音乐的开始。演完之后，瓦格纳面对着欢呼的观众，他穿着黑外套、黑长裤，站在特里斯坦和伊索尔德中间，显得十分瘦小，看来苍白而又激动，他冷静地向观众鞠躬之后便转向席诺夫妇，伸手热烈地拥抱他们。他说，任谁都能写得出《特里斯坦和伊索尔德》的最后一幕，却只有神奇的席诺夫妇，才能对它作完美的诠释。然而批评家们评论这出乐剧不和谐，格调低下，但慕尼黑有些报纸的评论却很好，认为它是一部"辉煌、奇特而富有创意的作品，显示出深刻的严谨、高贵的奋斗、了不起的精力与非同寻常的建构能力"。

《特里斯坦和伊索尔德》的演出成功，是有着创新思想的国王和艺术家完美合作的一个例子，接着又演了三场。现在路德维希急于兴建一座瓦格纳理想中的剧院，好让《尼伯龙根的指环》的演出更加完美。瓦格纳向路德维希推介了苏黎世的朋友来设计剧院。可惜的是，在普霍腾等一些大臣的反对下，建剧院的计划无法实现。

瓦格纳认为德国人并不像法国人和意大利人那样，有适合演唱大师作品的传统风格，因此必须树立、发展出一种典型的德国风格，这个风格要以歌唱为基础，它的训练包括演技和自然发声法。

国王很希望对瓦格纳的生活和思想有更多的了解，因此，瓦格纳开始向柯西玛口述长达一千页的自述。现在她料理家务，处理他的信件，决定谁可以见他，谁不可以见他。

在特利伯森

不幸的事件一件件接踵而来。已经八十岁高龄的路德维希一世（1786—1868，曾为巴伐利亚国王，1848年被逼退位，是路德维希二世的祖父）写信给路德维希二世，要他舍弃瓦格纳。结果路德维希二世反而邀请瓦格纳到天鹅堡去，两人一起尽情狂欢了一周，其间，两人每天诗文酬唱，并把自己的快活记载下来。

返回慕尼黑后，麻烦就来了。瓦格纳的敌人布下了陷阱，就等他不小心跌进去。1865 年 11 月 26 日，《人民使者》发表了一篇文章，指控他阴谋排除两名内务大臣——匹夫特迈斯特和普霍腾，进而取代他们的位置。在柯西玛无知的怂恿之下，瓦格纳落入圈套，他为《快讯》匿名写了篇怒气冲冲的文章，攻击内务大臣们，正好应了干预巴伐利亚内政的指控。

普霍腾的机会来了，他大胆地呈了一封奏文给路德维希二世，说道：陛下圣明，请务必在您忠诚的人民对您的尊敬和爱戴，与瓦格纳的友谊之间作一选择。

普霍腾的背后有着全体大臣撑腰，还有太后、国王的叔公、慕尼黑大主教，与许多尊贵人士的声援，内阁甚至酝酿着要全体辞职。路德维希二世不想步祖父的后尘，于是屈服了。因此，内阁要求瓦格纳离开巴伐利亚。

瓦格纳特别的心性这回又帮助他渡过了难关。狂风暴雨当中，他并未神经质地在丝绸满室的书房里踱来踱去，他仍安详地在为《齐格弗里德》谱曲。

1865 年 12 月 10 日，早上 5 点钟，瓦格纳离开了慕尼黑。他看来神情黯淡，面色苍白，精神涣散。同他一道上火车的是仆人弗郎兹和爱犬波尔。柯西玛、柯内利和另一个朋友为他送行。

瓦格纳下定决心，只要匹夫特迈斯特和普霍腾在，就绝不回慕尼黑。1866 年初，他潜心于《纽伦堡的名歌手》的谱曲工作。离开慕尼黑之后，他便前往日内瓦，在城外租了一所乡居，后来又往法国南部去寻觅合适的住所。到了马赛，他接到德累斯顿的普契尼来电，说明娜已经亡故。电报已经延误多时，他根本赶不及去参加葬礼了。

回到乡居后，瓦格纳完成了《纽伦堡的名歌手》第一幕的谱曲。3 月 8 日，柯西玛和女儿丹妮拉（柯西玛与彪罗的女儿）也来了。到了月底，柯西玛要返回慕尼黑。瓦格纳送她送到康士坦丁湖边，沿途经过琉森湖，看到湖上有岬隆起，上面建有精致漂亮的小屋，名"特利伯森"。送柯西玛上船后，他便走近细瞧一番，虽然看来年久失修，他却决定要它。国王送来 5000 法郎，让他预付一年的房租。

4 月 15 日，瓦格纳便迁进特利伯森。他在这里快乐地度过了以后六年的岁月，完成了《纽伦堡的名歌手》和《齐格弗里德》。他为《诸神的黄昏》和《齐格弗里德牧歌》谱曲，写书评论贝多芬，指挥音乐会和歌剧演出。后来，柯西玛也在为他又生了两个孩子后，成了他的妻子。今天的特利伯森已成了瓦格纳博物馆，任谁见了都会佩服瓦格纳的眼光。特利伯森柔和平静的湖上，点点船只笼罩在一圈银光当中，四周的草地上有成群的牛儿，牛铃懒懒地叮当作响，连接了白天和夜晚。

俾斯麦（后来成为德国首相）暗中计划着要开创一个新的德意志帝国，由普鲁士的霍亨索伦王朝来统治。他首先于1866 年 6 月挑起奥地利和普鲁士之间的战争，巴伐利亚要想置身事外非常困难。路德维希二世和他的臣民情感上都偏向奥地利，因为彼此在文化、宗教、地理位置和王族的血统起源等方面都十分相似。

路德维希拍来一封电报，说是想要退位，瓦格纳请他耐心地等等再说。随着时间的推移，路德维希想要退位的次数也越来越多，每次瓦格纳都能针对他的心理，运用相当的技巧，劝服他不要走这一步，同时他设法使他看清自己崇高的职责，并强调只有诚心诚意履行自己职责的国王，才有可能实现瓦格纳的理想。5 月 22 日，普鲁士与奥地利的战事几已确定，巴伐利亚政府已经下令动员陆军，路德维希却一路骑马、搭火车、乘轮船，风尘仆仆赶去特利伯森与瓦格纳见面，这一举动震惊了慕尼黑朝野。

政情愈来愈恶化，俾斯麦曾遣一个私人特使，前来特利伯森拜访瓦格纳，请他运用对路德维希的影响力，使巴伐利亚不要在战争中站在奥地利这一边，但为瓦格纳所拒绝。

普霍腾与他的同党却让巴伐利亚偏向奥地利阵营去了。这时，瓦格纳的思想有了转变，他写信给友人说："……你若希望继续在政治圈里混，就要盯牢俾斯麦和普鲁士。"

这次战争的结果之一，是瓦格纳的两个死对头——匹夫特迈斯特和普霍腾引咎辞职，可是瓦格纳已经打定主意，再也不去慕尼黑住了。瓦格纳的理由是：主政者现在都是正直之士，不需要他再在宫廷里了；而路德维希和柯西玛对他的崇拜，本已招致报界的不满和议论，住在慕尼黑必会引起他们更大的愤恨。特利伯森的环境安静幽美，使他得以心平气和地写作、谱曲，现在《纽伦堡的名歌手》第二幕的管弦乐草谱已经完成，并开始着手第三幕的管弦乐谱曲。他与路德维希之间高纯的友谊已经渐渐疏远了，他有时感到和路德维希在一起也很乏味。

路德维希即将结婚，他下令示范演出《罗恩格林》和《唐怀瑟》，《纽伦堡的名歌手》则要在10月演出，以庆祝他的婚礼。

路德维希希望瓦格纳到史坦堡去庆祝生日，瓦格纳百般不愿，但在柯西玛的劝说下勉强前去。路德维希立刻告诉他，要准备示范演出《唐怀瑟》和《罗恩格林》，要请彪罗负责排练，瓦格纳督导。瓦格纳选了约瑟夫·提克瑟来饰唱主角。提克瑟是他德累斯顿时代的老搭档，现在已经60岁，看起来再不像那个追寻圣杯的英姿焕发的武士了。路德维希看到自己心爱的罗恩格林竟是这副德行，吓了一跳，于是他未和瓦格纳商量，就下令更换人选。瓦格纳一怒之下回到了特利伯森。由这件事情看来，路德维希和瓦格纳两人在基本态度上有着差异，路德维希认为剧情的演出比歌唱来得重要。从今以后，瓦格纳就越来越希望建一座自己的剧院了。

瓦格纳的客人们都看得出，特利伯森的生活快乐又舒适。

国王给的薪俸非常优厚。德国、法国、意大利各地对他的作品需求日进，尽可满足他君王般地享受。虽只租住了六年，他却曾大举翻修，重新装潢内部。在这一小方乐土上，狗儿们顽皮地嬉戏，孔雀则在高大的白杨树间昂首阔步，大鸟舍里有金色的雉鸡与其他珍禽。此外，瓦格纳还建了庭院，开出一片果园和菜圃，雇有仆人，备有马车。尼采称它是"福乐之岛"。在这儿，瓦格纳把1867年下半年的时间，都花在《纽伦堡的名歌手》上。

1868年11月16日，柯西玛与女儿伊索尔德、伊娃搬进了特利伯森，并开始记日记，这是有关瓦格纳最后15年生活的重要资料。

1868年6月，《纽伦堡的名歌手》在慕尼黑首演，这是瓦格纳事业里的最大成就之一。《纽伦堡的名歌手》主题围绕着一个由业余诗人与作曲家组成的"名歌手"协会展开。城镇里的金匠波格纳宣布，他会将女儿伊娃将嫁给仲夏节歌唱大赛的优胜者，而那人必须是一位名歌手。然而，伊娃早已与年轻骑士华尔特相恋了。为了迎娶伊娃，华尔特毅然决定参加这场比赛。可惜，由于华尔特对歌唱一窍不通，他写的歌曲也不符合名歌手们的风格，他无法通过成为名歌手的试验。书记官贝克梅瑟亦有迎娶伊娃之意，他也参加了歌唱比赛。华尔特得到名歌手汉斯·萨克斯的帮助，终于打败对手贝克梅瑟，赢得美人归。

《纽伦堡的名歌手》成了瓦格纳的舞台庆典剧，它被当作全部剧目中的节日歌剧，因为节日和欢快的因素在这个剧中正是诗歌与音乐的根本对象《纽伦堡的名歌手》演出之后，尼采也成了瓦格纳歌剧的爱慕者。在之后的一段时间里，瓦格纳与路德维希的友情越来越恶化。

1870年，瓦格纳和柯西玛在琉森的新教教堂成婚，证人是玛薇妲·冯·梅森布和他的助手汉斯·李特。瓦格纳与柯西玛在自己的小乐园里散步，或是一起走路或驾车前往琉森购物时，两人看起来真是不寻常的一对。瓦格纳穿的是法兰德斯画师的装束——黑丝绒外套、黑缎及膝的短裤、黑丝长筒袜、色彩鲜艳的缎质领带、缀满花边的衬衫、丝绒的小帽。柯西玛则身着斜纹呢的长衫，装饰着过多的花边，手拿一顶宽边帽，上面点缀着花朵。柯西玛严峻、母亲一般的控制，仍制止不了瓦格纳偶然大发的玩兴和调皮。1869年7月里有朋友来访，他竟然在阳台上作蜻蜓倒竖，并且在树上、墙上攀上爬下，以娱乐客人。多年前，他由莱比锡逃往苏黎世时，有一晚也是童心大发，把房东的门一扇扇都从铰链上扯下来。

梦想的剧院

1870年6月26日，在瓦格纳的反对、路德维希二世的坚持之下，在慕尼黑非常成功地举行了《女武神》首演。瓦格纳现在对慕尼黑很不欣赏，他已经有了主意，要在拜洛伊特兴建自己理想中的剧院。

在一封从拜洛伊特寄给国王的信件中，理查德·瓦格纳回顾一生，坦白地承认道："啊，到底找到了幸福！并且我还可以不无自豪地说，不是什么小人物，而正是最仁慈的国王和我妻子这样的女人，不仅使我保住了生命，而且赋予了我的生命以最高荣誉！"经济上的独立、奢侈豪华的生活、别墅和会演剧院，甚至音乐剧的演出，这一切他都要感恩于国王，但他与柯西玛的结合才最后确定了他的成功。柯西玛成了他遗产的保护人，直到瓦格纳去世，他的节目会演计划仍是与柯西玛密不可分的，会演好像只是专门用来上演瓦格纳作品的；如果他的作品不上台，它也似乎丧失了它的作用和意义，而拜洛伊特节日会演的组织安排则是由柯西玛一手操办的。

1870 年 7 月 19 日，法国对普鲁士宣战，瓦格纳再度感染了爱国情绪。德国对他而言，不再是艺术家和梦想者心中的地理名词，也不再是哲学和诗的意念，而是雄壮胜利的祖国。普鲁士在俾斯麦掌管之下，俾斯麦成了自然的领袖，注定了要重造德国的统一。

1871 年初，瓦格纳心中充满了新的爱国热情，他写下《致巴黎的德军》一诗，共五个章节，称誉德意志是一个战无不胜、攻无不克的民族。1 月，在凡尔赛宫的镜厅里宣告成立德意志帝国，威廉一世加冕为德皇。瓦格纳谱下了《皇帝进行曲》，这是一首动听而振奋人心的音乐。

瓦格纳写信给路德维希，告诉他有关兴建一所德国国家剧院的计划，说他的作品将在他一人的指导之下演出。他没有告诉国王自己想把剧院建在拜洛伊特。路德维希虽然不喜欢他的计划，但仍表示支持。1871 年 4 月，瓦格纳与柯西玛动身前往德国，路经奥格斯堡，遇上路德维希的内阁机要秘书杜弗利普，他告诉瓦格纳，国王希望先上演《齐格弗里德》前两幕，第三幕完成之后再续演。实际上，瓦格纳已在 2 月完成了《齐格弗里德》的全部管弦乐曲谱，他告诉杜弗利普，他宁可把《齐格弗里德》剧稿烧了，也不能答应国王的建议。5 月 12 日，瓦格纳违反与巴伐利亚的合约以及对路德维希所负的道德重任，在莱比锡公开宣布，将于 1873 年在拜洛伊特举行第一次的歌剧季。

瓦格纳现在要迈进他生命里最后一个伟大的阶段了。为了实现这个理想——让他的歌剧能完美地演出，他准备离开心爱的特利伯森，冒着遭国王取消薪金的危险，到处抛头露面，四处奔走，只为追求自己的理想。他的倾慕者莫不目瞪口呆地看着那不可能的事在这精力充沛、意志坚定的小老头手中变为可能。离开了奥格斯堡后，瓦格纳与柯西玛便上拜洛伊特去，在那个小城里引起一阵骚动。他喜欢这个地方，也喜欢附近的村野，他决定迁到这里来，建一座大剧院，准备在第一季演出《尼伯龙根的指环》。

到莱比锡和德累斯顿以后，瓦格纳与柯西玛又前往柏林。

他到柏林的原因，一是想争取德皇与俾斯麦对拜洛伊特的支持，二是与朋友罗西尼等共商兴建剧院的大计，并在艺术学院发表演说《歌剧的命运》。5月3日晚，俾斯麦在家中接见了瓦格纳，对他十分礼遇。柯西玛的日记里记载，瓦格纳对这历史性的会晤很满意，不过，他告诉她："要使他支持我的目标——却是我所办不到的。"他后来写信给杜弗利普说："实现我的计划的花费，将由私人来负担。"

5月16日，瓦格纳和柯西玛回到特利伯森，此后他再没有多少时间可以享受湖边的宁静了。以后的12个月里，他写下了《诸神的黄昏》第二幕和第三幕的草谱，并为拜洛伊特的第一季演出做一切必要的准备工作。他告诉朋友说，他之所以选择拜洛伊特，是因为这儿没有好争论的访客，缺少一座大剧院，而且最重要的是，它在巴伐利亚王国境内。他除了表示希望拜洛伊特当地赠他一块合适的土地兴建剧院外，他同时还表示希望自己能有一片草地，和宫廷花园相接，并与通往城外的"隐居所"的道路相连，这座隐居所是18世纪时腓特烈大帝的妹妹修建的。自与柯西玛结合以来，到现在他已经有了五个孩子，两个同母异父的女儿丹妮拉和白朗蒂娜是柯西玛与前夫所生，瓦格纳与柯西玛生的三个孩子是伊索尔德、伊娃和齐格弗里德。

拜洛伊特的议员对瓦格纳的建议反应热烈。他们有着优越感，想象丰富而又慷慨大方。他们同意拨一块土地让瓦格纳兴建他的"国家剧院"。曼海姆一位音乐商艾米尔·贺克尔和他所创建的"瓦格纳社"也帮了瓦格纳不少的忙。这时候，瓦格纳和尼采的友情正是最亲密、热烈的时候。尼采在曼海姆听过36人的小型乐团演奏《齐格弗里德牧歌》后，声称只有瓦格纳的音乐才是真实的。他觉得瓦格纳和他将要携手革新德国文化。他送给柯西玛一本尚未出版的《悲剧的诞生》，特别印在黄色的纸上。他把这本书当成是向瓦格纳艺术所表示的虔诚的敬意。

1872年4月底，瓦格纳、柯西玛和他们的五个孩子要对特利伯森说再见了。尼采前来作第23次的采访，他写道："到处弥漫着离情别绪，狗儿不吃东西，仆人们也不断地咽泣。……这三年来我经常在特利伯森打转，究竟有什么意义呢？若是没有他们我会是什么样子？"

1872年5月22日上午11点，瓦格纳在拜洛伊特奠下了剧院的第一块基石。在这个日子里，大雨倾盆不止。他本来很希望住在不远处的李斯特能来捧场的，他为此还绞尽脑汁，写了封情文并茂的信给他。可是由于俄国公主从中作梗，李斯特只托人写了封词意温馨的贺函给他。尽管大雨哗哗啦啦地落，仍有数以百计的人，踩着深及脚踝的烂泥，观看奠基典礼。路德维希二世拍了封电报来说："今天，我与你在精神上的结合较以往来得更紧密。"军乐队奏起了《忠诚进行曲》，那块基石和一个装着路德维希的电报与瓦格纳的短诗的小盒，缓缓地落入穴中。

瓦格纳举起锤子敲了三下："祝福你，我的基石，愿你持久，愿你坚牢！"当他转过身来时，面色死灰，泪水在眼中打滚。前天晚上他才梦见儿子齐格弗里德满脸伤疤，使他触目惊心，不知究竟是什么预兆。由于大雨，

建在拜洛伊特的剧院

其余的仪式便改至18世纪建的那座歌剧院里举行。尼采写道："瓦格纳和我们当中一些人驱车回城。他很沉默，显然是在沉思默想。今天他进入生命里第六十个年头。过去到今天，他所做的每件事情，都是为着这一刻而准备。我们能够了解他伟大的行为，并且由于了解它而守护它，使它得以实现。"尼采虽然自称多少了解了瓦格纳内心的理想，次年，当这一"伟大的行为"遭遇财务的困难时，他就把自己和它疏离开来。

在歌剧院里，瓦格纳发表了预定的演说，说这座剧院，要将每个声音和每个动作的完全含义精确地传达给观众；要在当时的可能艺术范畴内，让观众欣赏到最完美的戏剧艺术范例。"……我们奠下了一块基石，就要建立起我们德国最崇高的思想里尚不可能想象的巨厦。"

当天下午，宾客们又重聚在歌剧院里，听瓦格纳指挥演出贝多芬第九交响曲。"我们不再开演奏会了，"瓦格纳欣喜地说，"我们只是要创作音乐，让世人看如何演奏贝多芬。

7月15日，瓦格纳重新开始写作《诸神的黄昏》第三幕

的管弦乐草谱，一星期后完成。他告诉柯西玛："我不知道，究竟是什么最使我感到振奋，是崇高的音乐，还是崇高的成就？我觉得自己的目标好像已经达成，而我现在就可以瞑目了。"

1872年底，瓦格纳和柯西玛出发上德国去，寻找适合拜洛伊特的歌剧天才。在沉重的压力下，多亏了柯西玛长期的悉心照顾，才使瓦格纳免于崩溃。不久他们就发现，必须设法另辟财源，才能支付建筑师、机械师、装潢师、设计师等的费用。每当走投无路之际，瓦格纳总忍不住说："天知道，我能不能成功啊！"在五个星期里，他们走遍了符兹堡、法兰克福、达姆施塔特、曼海姆、斯图加特、斯特拉斯堡、卡尔斯鲁厄、威斯巴登、乌曼茨、科隆、杜塞尔多夫、汉诺威、不来梅、马格德堡和莱比锡，最后泄气地回到拜洛伊特。瓦格纳写了一篇《今日德国歌剧舞台一瞥》，以讽刺挖苦的语气，论述它的得失。他惯见自己的歌剧受到删节减损，变得残缺不全；没人了解他的音乐戏剧与平常的歌剧有何不同；也没有哪个歌手或演员明白，乐曲与动作连续协调发生，对他的作品而言是很重要的。

最后的荣耀

2月15日，瓦格纳首次出现了心脏病的症状。柯西玛在日记里记道："我只能跟着他，跟他一起受苦，却帮不上忙。

剧场的经济情况确实不容乐观。1873 年初，以每场 3000 马克左右的价格，举行约 200 场的音乐会，才能够支付一切需要，真把他给吓倒了。"瓦格纳和柯西玛决定倾全力在柏林和汉堡筹钱。

1873 年 1 月，瓦格纳在柏林举行《诸神的黄昏》诗歌朗诵会，听众中有王子、陆军元帅、大使、大学教授、画家、银行家等。瓦格纳是个非常优秀的朗诵家。柯西玛在日记中写道："……他的脸孔发光，他的眼神超然而贯注；他的手充满魔力，不论在静止时或是做动作中；他的声音安详、纯净，他进入最深邃之处，又达到外在的远处。"

对于瓦格纳朗诵的美妙和庄严，并非只有柯西玛一人有此评论。很多人都注意到，瓦格纳在朗诵时，不仅是个诗人，而且还是个演员。他的歌剧同样是以作曲家、诗人、戏剧家、指挥家、布景设计家、歌唱家和丑角的想象力而作完成的。鄂尼斯特·纽曼说瓦格纳是个"比其他任何演员都好的演员，比其他任何歌手都好的歌手……比其他任何指挥都好的指挥"，因此注定了他对人们演出他的作品，永远感到不满意。不论他是多么兴奋，或者是热情洋溢，或者是气愤难当，他的大脑袋总是不动，神态总是宁静安详，清澈的蓝眼睛总是定定地望着听众，搜寻知音，或是在望着内心里的幻想"。

1873 年，为建拜洛伊特剧院，瓦格纳费尽心思筹集资金。不管他花费多少力气弄来的钱，仍然与建一座剧院所需要的资金相差太远，只够建剧院的外壳。路德维希也拒绝对瓦格纳伸出援手。8月初，当剧院的木质架构完成时，瓦格纳仍然欢欣快乐，和李斯特、柯西玛及孩子们爬上鹰架庆祝了一番，这是他的"竖竿典礼"。瓦格纳甚至给俾斯麦寄了一本关于拜洛伊特剧院的小册子，期望能够得到帮助，但是没有任何消息传来。眼看拜洛伊特剧展季的计划就要幻灭，所幸路德维希并未完全抛弃瓦格纳。他写信来说："……我们的计划一定不能失败。"巴伐利亚的宫廷秘书一点时间都没浪费，立即就和拜洛伊特剧展季委员会订下了合约，委员会接受一笔30万马克的贷款，条件是剧场的收入须立即缴入皇家财库中。皇家财库支出的这笔款项先后由瓦格纳与其子嗣由剧展基金中悉数偿还。

1874年4月28日，瓦格纳一家搬进了汪费利别墅，这所建筑路德维希捐赠了7.5万马克。在往后的岁月里，到瓦格纳过世止，汪费利是他、柯西玛和五个子女的家。在这儿，他和朋友及门人以音乐论交，训练歌手，并接待剧展的嘉宾。进门处的上方镌刻了一句诗：

> 我的苦痛在此处寻得了安宁，
> 且让此屋名曰苦痛中的安宁。

瓦格纳在苏黎世时的梦想，是免费请人们前来，在莱茵河畔临时搭起的木造剧院里，观赏《尼伯龙根的指环》的演出，演毕剧院即拆掉，现在他在拜洛伊特的想法却又更独特了。他在汪费利口述自传，以"大师"自诩，集结著作出版，创办刊物《拜洛伊特》，做他的代言者，并创建瓦格纳社。"艺术与不平等""艺术与宗教"，是瓦格纳这位理论家的新主题。

瓦格纳凭着卓越的智慧和能力，最后终于为各阶层所接受。在汪费利，再没有他的敌人们所预见的芳香、奢侈的丝绸和锦缎。宽敞的客厅有着弓形窗户，面对着美丽的花园。瓦格纳常在这里，戴着丝绸帽，或是朗读自己的诗，或是弹钢琴，或与音乐界及艺术界朋友小叙。他广博的阅读兴趣，可由墙上排列的3000本书看出来。书架上方悬有歌德、贝多芬、李斯特、柯西玛、瓦格纳之母等人的画像，这些人或多或少都曾影响过他。

瓦格纳支配自己的时间，有很精密的计划，这也是他为什么可以自如应付每月数不过来的琐事的原因。迁入新居后，他完成了《诸神的黄昏》第二幕的管弦乐谱曲，并开始指导歌手们演练。督导剧院的建造，订购机械装置，戏服，舞台布景，聘请并训练器乐手和歌手，指导主角歌手排练，到各处举行巡回音乐会都是瓦格纳亲力亲为。

这年的11月，《诸神的黄昏》第三幕的管弦乐谱曲完成。这样，《尼伯龙根的指环》的四部剧终于大功告成。瓦格纳特别为孩子们谱了一首温柔的小曲《孩子们的答问书》。

1875年的上半年大致排满了音乐会，瓦格纳为此越来越厌倦。随后，他开始以钢琴伴奏，让歌手们个别排练。管弦乐团也在李特的指挥下排练，歌手们并试唱各角。管弦乐团共有团员 115 人，其中 64 人演奏弦乐器，团员来自德国各大歌剧院，团长是音乐家奥古斯特·韦汉。剧院现在建造完成了，李特在低沉的交响曲席上指挥团员们演奏。排练的情况很理想，瓦格纳很满意。

1875 年底，瓦格纳前往维也纳指导《唐怀瑟》和《罗恩格林》的排练，认识了男中音安杰罗·诺伊曼，安杰罗后来成为瓦格纳剧团杰出的经理人。由于瓦格纳仍缺钱缺得紧，不得已，他又前往柏林去督导《特里斯坦和伊索尔德》在当地的首演，首演纯收益达 1.5 万马克，被德国皇帝赠予拜洛伊特剧展基金。

瓦格纳的才能也造就了他不平凡的组织能力，他把歌手、乐器手、机械师和设计师集合在一起，很有技巧地领导他们，从而达成不可能之成就。为了开创拜洛伊特剧展季，他很少能够在晚上睡好觉，心绞痛发作的次数也越来越频繁，这无疑已经为他签下了死亡通知书。

瓦格纳已经准备好要迎接川流不息的王室贵宾，并为路德维希二世安排了 1876 年 8 月 6 日至 9 日的私人彩排。路德维希二世准备在极秘密的情况下来到拜洛伊特，"我来是要好好享用你伟大的作品，使我的心境、灵魂重得滋润……"8月 6 日凌晨 1 时，他搭乘专用火车前来，在一个信号站下车，瓦格纳已经在此候驾了。自 1868 年 7 月《纽伦堡的名歌手》首演以来，两人还是首次见面。御用马车送他们到隐居所去，两人叙谈到凌晨 3 时。《诸神的黄昏》演毕，国王仍和来时一样，于午夜时分登上火车，返回天鹅堡。

事后，国王捎来一封信，狂喜兴奋之情，溢于言表："伟大的、无与伦比的朋友！你是我最珍贵的……你是神人，不会失败，不会错误……是真正的艺术家，自天上带来圣火，要感动、提升并救赎世上的我们……"

路德维希二世刚走，德皇便于 8 月 12 日，第一次巡回演出的前一天抵达。瓦格纳丢下排练前往车站迎接，大批的民众夹道欢迎。德皇对瓦格纳说的第一句话是："我从没想到你会成功！"在接见的仪式之后，瓦格纳再也按捺不住心头的快乐，进了马车，像个孩子似的，大喊着："哇！哇！"并向群众挥舞着帽子。在 1876 年 8 月里，前来观赏剧展盛况的，还有巴西皇帝佩德罗二世、华腾堡国王以及许多大公和王子。此外较特别的平民如柴可夫斯基、韦森冬克夫妇和尼采等人都来捧场。不过尼采在演出一、二幕后，便因头疼欲裂，逃入附近的森林里去了。担任指挥的是李特；舞台布景由布鲁克纳兄弟依照约瑟夫·霍夫曼的设计而制作的。

《诸神的黄昏》落幕后，瓦格纳出现在舞台上接受观众的欢呼。他告诉大家说，德国现在终于有了国家性的艺术了。第二天举行盛宴，宾客 700 人。他致辞到一半时，突然转身向李斯特说："这里有个人，如果没有他，各位也许永远也听不到我一个音符——他就是我的朋友弗朗茨·李斯特。"他张开双臂，步下台阶去拥抱他。

一切结束之后，柯西玛在日记上写下了深深的喟叹，从来就没有人相信，瓦格纳的计划能够成功。观众虽已散去，汪费利却依然高朋满座。瓦格纳在 15 小时的音乐中，尝试描述出理智和感情战胜磨难和坎坷的全部经验。人们开始热烈地拥护他，或是激烈地反对他；他成了人们崇拜的偶像，也成了人们咒骂的对象；他是有史以来，最叫人争论不休的作曲家。他读了德国神话和北欧的英雄冒险故事之后，创作出了这样无上美妙的音乐，深入人们灵魂的禁地，暴露了我们深受压抑的天性，并对我们毫不禁抑地诉诸感官之乐，表示轻蔑。至于《尼伯龙根的指环》的文学内容，则兼容博大。许多伟人、音乐家和作家，都曾受到他的影响。他的愿望，是要把德国和北欧的神话世界凡人化，把它们传达到德国人的灵魂里去。

尼采是了解《尼伯龙根的指环》的意义的。1876 年，他在《致拜洛伊特的理查德·瓦格纳》里曾问道："这是为你而作的吗？"1911 年，剧作家盖哈特·霍普特曼认为《尼伯龙根的指环》是一股隐秘的喷泉，自地底深处喷涌出一股不知名的炽烈的物质，涤清了数千年来积存在人类灵魂里的渣滓。对于托玛斯·曼、萧伯纳以及其他许多的作家和诗人而言，《尼伯龙根的指环》都具有各种不同的诱人的含意。

《尼伯龙根的指环》演毕，瓦格纳就逃离了拜洛伊特潮湿的气候，要在意大利的阳光里重新恢复体力和精神。9 月14 日，他带着柯西玛、五个孩子和一个女家庭教师，动身前往意大利，准备利用他为美国独立百年作曲所得的 5000 美元，进行一次豪华度假。可是他的度假兴致因为传来的剧场亏损 12 万马克的消息而消逝。

1876 年 12 月底，瓦格纳一家返回拜洛伊特，为了承受财务上的压力，他又像过去一般，转求于精神上的平衡——开始创作。1877 年 1 月 25 日，他对柯西玛说："我开始作《帕西法尔》了，没有完成前我决不离开。"他把《法尔帕西》改成《帕西法尔》，是有人告诉他，"法尔帕西"在波斯语中是"愚蠢纯洁的人"的意思，他把它颠倒过来，成了"纯洁的愚人"。4 月 19 日，他就让柯西玛看了《帕西法尔》第一幕至第三幕的全文。

这次，路德维希不再帮助瓦格纳了，倒不是因为他们彻底断绝了关系，而是路德维希自己也兴建了许多建筑，他心有余而力不足。为了筹钱，瓦格纳决定第三次前往伦敦。1877 年 4 月 30 日，瓦格纳和柯西玛到达伦敦。瓦格纳在伦敦剧院指挥了八场音乐会的演出，可惜所有的收入只有 700 英镑。不同的是，瓦格纳这次受到极其隆重的招待。他们住在音乐家爱德华·丹洛伊特舒适的家里，与诗人布朗宁、英国小说家埃利奥特会面。最后，英国女王在温莎堡接见了瓦格纳夫妇。伦敦的音乐会演出极为成功，当他坐上火车时，他对着朋友喊道："满盘皆输，只有我们的荣誉除外。"

瓦格纳未能筹到迫切需要的款项。瓦格纳和柯西玛拿出 5 万马克，付给催命似索债的债主们。

在这段经济窘困的时间里，瓦格纳拟了详尽的计划，要在拜洛伊特兴建音乐学校，对歌手、乐器手和指挥施以合宜的训练，使他们能示范演出他与其他大师的上乘作品。柯西玛在日记上记道："所有这些计划使我很难过，理查德从他的创作上分心了。"1877年9月25日，瓦格纳开始谱第一幕的管弦乐曲谱。

1878年1月，柯西玛偷偷写信给路德维希，告诉他拜洛伊特剧院即将大难临头，慕尼黑因此又借出一笔款项，再次拯救了拜洛伊特剧院。根据新协定，慕尼黑有权演出《帕西法尔》，而慕尼黑演出瓦格纳所有作品，他都可以获得百分之十的上演税。"……我可以欢欣宁静地工作了。"瓦格纳写信给朋友时这么说。

1878年，瓦格纳大部分的时间都用来谱写《帕西法尔》。"我还从未谱写过像这样奇特动人的曲子，随着时间的流逝，它也越写越好。"瓦格纳这样对柯西玛说。此外，他也花很多时间为《拜洛伊特》写稿。他工作时，需要醉人的香味、柔和的光、色彩鲜丽光泽的丝绸和柔软的毛皮，触摸这些东西给他极大的兴奋与震动。他对于柯西玛十几年来的家居照顾，已经感到厌倦，他迫切地需要新的感官刺激，因此又与茉迪·高蒂儿发生了短期的恋情。他们经常互通情书，后来瓦格纳对这样的通信也感到厌倦。对于丈夫的不忠和这一段迟暮之恋，柯西玛睁一只眼闭一只眼。

1877年12月，《帕西法尔》诗作出版，尼采是最初收到书的人之一，他对友人表示观感说："不像瓦格纳，倒像李斯特，精神上则是反革新。对我而言，基督教的味道太重，也太狭窄……文字听起来像外国语翻译过来的。但是除却它的情境和反复重现的情景，这难道不是高形式的诗歌？这难道不是对音乐的最后挑战？"

1876年10月，瓦格纳和尼采在意大利的索伦多最后一次见面。瓦格纳已明显地转向基督教，这使尼采很不满，因为尼采现在已成了反基督的人了。1888年，尼采写了《瓦格纳之病》，指责说大众已经看了太多的北欧神话，所以想要看些基督教的东西了，瓦格纳这是见风转舵，迎合大众口味。

他这番指责对瓦格纳并不公平，因为瓦格纳告诉路德维希二世说："我把《帕西法尔》称为'舞台奉献剧'，我要把一座特别的舞台奉献给它，而那只能是我自己在拜洛伊特的剧展剧院。那儿，只有在那儿，在将来的年代里，会上演《帕西法尔》……"

1876年，彼得·柴可夫斯基在《忆拜洛伊特》中说："我必须说，每个相信艺术具有促进文明的力量的人都会从拜洛伊特得到一个令人耳目一新的印象，由于它的内在价值和影响，这个伟大的艺术事业将在艺术史上建起一座里程碑。肯定地说，在拜洛伊特，一件我们的子孙都要纪念的事业完成了。"

拜洛伊特剧院的兴建成功，《拜洛伊特报》的创办，以及越来越多人的臣服，使瓦格纳的言谈似乎产生了一种预言式的效果。他开始对各种事情发表议论，一直到他生命终结时都是如此。他谈论种族、血缘和再生等题材，并在《拜洛伊特报》上发表。再生的意念主宰着他的思想，直至他去世。在《帕西法尔》里，他已经有了自己的表达。然而在他的评论里，却有着许多古怪而奇特的转变。他说，人类数千年来，由于吃错了食物，又缺乏叔本华式的哲学的引导，一直就在退化着。"因为最高贵的种族的英雄之血和一度是食人族（就是犹太人）的血液相混的结果，我们的血液都被污染了……"

1876年参观过他指挥排练《尼伯龙根的指环》的法国人盖比瑞·莫诺德这样说瓦格纳："他对靠近他的每一个人，都产生出一种无可抗拒的魔力，不只是因为他的音乐天分，或是他与众不同的智慧，或是他广博的学识，最重要的，是他性情和意志的力量，从他身体的每个结构里散发出来。你觉得自己是在一股自然的力量之前，它几乎是毫不顾忌地让自己猛力冲泄而出。在近处看见他，一会儿高兴说笑……一会儿又暴烈无比，不尊重头衔、权势，也不尊重友谊，总是脑子里想起什么就做什么，你发现自己很难对他的口味，而无疑这是由于他是天才——同时也是个无可比拟的卓越者……"

1882年1月13日，瓦格纳在巴勒摩完成了《帕西法尔》的曲谱。不久，薛特就以10万马克的价格买下版权，这是德国音乐出版商所曾付过的最高价码。

瓦格纳这部乐剧中的人物来自三个不同的传奇故事，他发挥了自己的作风把三者合而为一，然后经过他的天才的组合而使它们复活起来。

传说中盛过耶稣基督圣血的圣杯，以及刺穿耶稣肋下的圣矛，被天使交托给纯洁的骑士狄都雷尔保管。狄都雷尔为守护圣矛与圣杯，特地建筑了一座城堡，名叫蒙沙瓦。因为有圣杯法力的保护，只有被圣杯选中的纯洁的人才能发现通往城堡的道路。在这城堡里，狄都雷尔率领了一群被圣杯召唤来的纯洁男性，组成圣杯骑士团。

有一位渴望加入圣杯骑士的年轻人，名叫克林索尔，他因为耽于女色，一直被圣杯拒绝。恼羞成怒的克林索尔遂改习魔法，在距离蒙沙瓦不远的地方也盖了一座城堡，里面有各色美艳的女妖，专门诱惑外出的圣杯骑士。被女妖诱惑的圣杯骑士就堕落在他麾下，成为他的奴隶。

克林索尔的势力逐渐庞大，使蒙沙瓦受到严重的威胁。而狄都雷尔逐渐老去，遂将他的王位传给儿子安福塔斯。年轻气盛的安福塔斯继任后，便亲自带着圣矛出征，想要剿灭克林索尔的势力，然而在前往魔法城堡的路上，他却遇见一个美丽得可怕的女人，这个女人诱惑了安福塔斯，使他跌下马来。克林索尔此时现身，不但夺去了圣矛，还用圣矛将安福塔斯刺伤。安福塔斯麾下忠心的骑士古内曼兹赶到，拼命将国王救回圣杯城堡。

回到蒙沙瓦的安福塔斯，身上的创伤一直无法痊愈，他对于曾被诱惑而失去圣矛的过失也感到无比羞耻，他只能向圣杯祈祷，渴望能从这痛苦中解脱。终于在他多次祷告后，圣杯显示神谕给他："只有纯洁的愚者能拯救你，他因同理心而得大智慧。"

在这部歌剧里，帕西法尔就是基督教的化身，克林索尔是异教的代表，帕西法尔克服了克林索尔也就代表基督教克服了异教。《帕西法尔》的前奏曲是根据全剧中带宗教意味最深的三个动机创作成的。

从1845年到现在，《帕西法尔》的思想，便断断续续地盘踞在瓦格纳脑中至少有35年之久。悲惨的自我中心的需要，在《特里斯坦和伊索尔德》中造成了个人的自我毁灭，在《尼伯龙根的指环》中，毁灭了整个世界，而在《纽伦堡的名歌手》里，则表达在汉斯·萨克斯聪明而温和的遁世中。在《帕西法尔》里，它又成为一个讽喻行为的主题："纯洁的愚人"在学会了同情之后，步上舞台，治愈了生命里悲剧冲突的创伤。

欣赏《帕西法尔》，重要的是不要迷惑于它的基督教象征意义。瓦格纳在他最后的音乐戏剧里，心中所想的是各种象征和原型的意象。他把灵魂中各种潜意识的原始精神状态具体化。他利用自己的艺术，揭示了这些深藏的精神状态，这是与基督教或其他的宗教毫无关系的。在《帕西法尔》里，不断地挣扎企求救赎，终于胜利地完成了"对救赎者的救赎"。在这样的挣扎奋斗当中，人类向前，走向上帝，形成人、神之间一种再生的联合，从而形成一种宗教，不受一切虚假的忏悔所约束。瓦格纳所有戏剧，就某种意义而言，都算是"舞台奉献剧"，因为它们都以"诗乐"的艺术作品形式，向我们揭示了亘古以来神、人冲突的景象。

1880年1月，瓦格纳搬进了那不勒斯附近的安格利别墅。他对柯西玛口述的自传将近完成；而柯西玛正在全心全意地记日记。"她正在为我们的儿子特别详尽地记着日记，她记载了我每天的健康状况、我的作品以及我偶发的言论。"这时，瓦格纳新结识了一个朋友，叫保罗·冯·佐柯夫斯基，是个年轻的俄罗斯贵族画家，他有间画室，就在安格利别墅附近，德文说得同俄文一般好。瓦格纳让他担任《帕西法尔》布景与戏装的设计工作。

1882年，《帕西法尔》一共演出了16场，其中14场都开放给一般大众欣赏。商店里也摆满了纪念品——有"齐格弗里德"笔，"帕西法尔"雪茄，以及会起泡沫的"柯林瑟神奇酒"。剧展剧院隔壁可以容纳1500人的大饭店，生意也大大地改善了。演出之前，瓦格纳解散了瓦格纳社，因为这次《帕西法尔》的演出，它在经济上一点忙也没帮上；而后，拜洛伊特的剧展季演出就要依赖一般大众了。

《帕西法尔》的准备工作，使得瓦格纳极度紧张。在演出期间和演出之后，他的胸部绞痛和哮喘曾数度发作。之后，瓦格纳又设了一个特殊的支薪的专款机构，为贫困的瓦格纳音乐爱好者服务。

1882 年 8 月 29 日，《帕西法尔》演出最后一场，瓦格纳悄悄走进乐台里，在观众没有察觉的情况下，从乐队指挥手里接过指挥棒。他在舞台下边的指挥席上，对歌手、乐器手和工作人员们讲话，以他那无比的智慧和动人的方式，感谢全体人员的努力："你们已经成就了一切，在那上边的是完美的戏剧艺术，而在这下边则是绵续不断的交响曲。"这次剧展在财务上是一大成功，共卖出 8200 张票，收入达 24 万马克。

1882 年 9 月瓦格纳一家抵达了威尼斯，住进了大运河边上一座 6 世纪的古堡。瓦格纳在这里安静地过着日子。他愤怒地阅读了尼采的新书《诗的艺术》，并兴味盎然地读着贺曼·奥登堡的《浮屠》，他还为《拜洛伊特报》写了篇文章，标题是"拜洛伊特的舞台奉献剧展"。

李斯特来了后，古堡里宁静的生活就被打破了。他和李斯特热烈地讨论着他想要谱写的单幕交响曲。他心绞痛的毛病更为恶化，发作的次数也更频繁，医生让他服用镇静剂和鸦片。

1883 年 2 月 11 日，瓦格纳开始写一篇散文《女性》，提出他对一夫多妻制、一夫一妻制与忠实等方面的见解。2 月 13 日，瓦格纳送了口信给朋友，请求原谅他不能赴午餐之约，因为他胸痛难忍。当天下午，瓦格纳因心脏病突发，在柯西玛的怀抱中去世。

瓦格纳的遗体涂上香料防腐，并由雕塑家奥古斯都·班维奴提按照遗容塑了面形。2月16日，运有瓦格纳遗体及其家属的专车开始了前往拜洛伊特的漫长旅途。17日晚棺木停放在车站，由一列王室仪队守护着。18日，朋友前来吊祭，一团军队演奏过《齐格弗里德》中的《葬礼进行曲》后，送葬的队伍便出发前往汪费利。

拜洛伊特的街道上一片死寂，家家户户用各种形式表示哀悼。到了汪费利，由瓦格纳的12个朋友和事业上的伙伴抬着棺木，前往花园里的墓地；然后，在柯西玛的面前，棺木缓缓地放进了穴中。

这位影响深远又充满争论的德国作曲家，在人们的惋惜和悲痛中与世长辞了。他的"灵魂"并没有随着身体的消亡而逝去，那些流传下来的伟大歌剧在今天依旧令人们为之疯狂。